FRASES
CÉLEBRES

A pesar de haber puesto el máximo cuidado en la redacción de esta obra, el autor o el editor no pueden en modo alguno responsabilizarse por las informaciones (fórmulas, recetas, técnicas, etc.) vertidas en el texto. Se aconseja, en el caso de problemas específicos —a menudo únicos— de cada lector en particular, que se consulte con una persona cualificada para obtener las informaciones más completas, más exactas y lo más actualizadas posible. EDITORIAL DE VECCHI, S. A. U.

© Editorial De Vecchi, S. A. 2018
© [2018] Confidential Concepts International Ltd., Ireland
Subsidiary company of Confidential Concepts Inc, USA
ISBN: 978-1-68325-838-4

Isabella Malnati - Alessandro Montel

FRASES CÉLEBRES

dve
PUBLISHING

ÍNDICE

5

INTRODUCCIÓN

El trabajo del autor que quiere realizar una recopilación de citas es, fundamentalmente, el de encontrar un criterio según el cual escoger y ordenar el material, casi infinito, del que puede disponer.

En esta ocasión ha sido bastante sencillo encontrar la línea guía a seguir en la redacción del texto: hemos pensado en las principales características que el lector ha demostrado apreciar siempre en los libros de Editorial De Vecchi, es decir, la utilidad y la práctica.

Por lo tanto, en primer lugar, nos hemos esforzado en «reducir» el tamaño de la obra puesto que una recopilación completa de todas las citas, más o menos conocidas, probablemente no sería de gran utilidad por su dificultad de consulta.

Hemos subdividido por temas el material recopilado, colocándolo en los puntos en los que nos ha parecido más lógico y útil buscarlo. De cada cita se menciona el autor, el título de la obra de la que se ha sacado y, a veces, el texto en la lengua original con su traducción.

En cada tema se ha realizado una repartición práctica posterior; es decir, que el lector podrá encontrar en cada capítulo dos apartados: «*Para hablar*» y «*Para escribir*».

En el primer apartado hemos recopilado las citas, las sentencias y las máximas más breves; en definitiva, las más fáciles de recordar; un repertorio fácil, válido en diversas situaciones, para dar más énfasis a nuestra conversación.

En cambio, en el segundo, se recogen todas las demás citas que, debido a su longitud o a su complejidad, se prestan mejor a ser utilizadas en cartas o en discursos escritos.

Evidentemente, cada lector podrá utilizar como prefiera cada cita que se recoge en este libro. La misma máxima podrá utilizarse, de forma extemporánea, para sorprender a los presentes, para establecer una relación de negocios o para escribir una carta a un ser querido.

Hay que tener en cuenta que un libro de este tipo estaría destinado a hacer más intenso cada minuto que pasa: una página de un libro, un artículo del periódico, un manifiesto o cualquier texto, escrito o no, puede ser citado por cualquiera, aunque no sea el autor, y participar de su sentido, ora profundo ora mordaz.

Todo estriba en el gusto personal: depende de lo que cada cual consiga encontrar de sí mismo en las palabras de otra persona.

ABURRIMIENTO

Para hablar

¡Cruel aburrimiento! Sólo por olvido los autores de las penas del infierno podían no haberlo puesto.

Giacomo Casanova de Seingalt,
Historia de mi vida.

El aburrimiento es de alguna manera el más sublime de los sentimientos humanos.

Giacomo Leopardi, *Pensamientos, LXVIII.*

El aburrimiento es la verdad en estado puro.

Jacques Rigault, *Papiers posthumes.*

El aburrimiento es una enfermedad de la que el trabajo es un remedio; el placer es sólo un paliativo.

Duque de Lévis,
Massime, precetti e riflessioni.

El aburrimiento es uno de los males menos graves que hemos de soportar.

Marcel Proust, *Sodoma y Gomorra.*

La continuidad aburre en todas las cosas. Gusta el frío para luego calentarse.

Blaise Pascal, *Pensamientos.*

¿La vida no es cien veces demasiado corta para aburrirse?

Friedrich Nietzsche,
Más allá del bien y del mal.

L'ennui naquit un jour de l'uniformité.
El aburrimiento nació un día de la uniformidad.

Antoine La Motte-Houdar, *Favole.*

Las pasiones (...) hacen menos daño que el aburrimiento, porque tienden siempre a disminuir, mientras que el aburrimiento tiende siempre a crecer.

Jules Amédée Barbey d'Aurevilly,
Une vieille maîtresse.

Le secret d'ennuyer est celui de tout dire.
El secreto para aburrir consiste en decirlo todo.

Voltaire, *Discurso en verso sobre el hombre.*

Los males son menos dañinos para la felicidad que el aburrimiento.

Giacomo Leopardi,
Zibaldone.

Si los simios supieran aburrirse podrían convertirse en hombres.

Johann Wolfang von Goethe,
Máximas y reflexiones.

Para escribir

El aburrimiento es fuerza, Bolingbroke. El hombre que se aburre corre

9

más que los demás; si te aburres te respetan.

Saul Bellow, Las aventuras de Augie March.

El aburrimiento no es más que el deseo puro de la felicidad no satisfecho por el placer, y no ofendido abiertamente por el disgusto.

Giacomo Leopardi, «Diálogo de Torcuato Taso y de su genio familiar», de las *Operette morali.*

En Inglaterra, las personas se esfuerzan para ser graciosas incluso durante el desayuno. Es horroroso por su parte. Sólo los aburridos pueden ser graciosos durante el desayuno.

Oscar Wilde, *Paradoja y genio: aforismos.*

El aburrimiento proviene o de la débil consciencia de nuestra existencia, por lo que no nos sentimos capaces de reaccionar, o de la consciencia excesiva, por la que vemos que no conseguimos reaccionar tanto como querríamos.

Ugo Foscolo, *Epistolario.*

El aburrimiento profundo, que como una niebla silenciosa se esconde en los abismos de nuestro ser, une a los hombres y a las cosas, nosotros mismos con todo lo que nos rodea, en una singular indiferencia. Este es el aburrimiento que revela al ser en su totalidad.

Martin Heidegger, *Introducción a la metafísica.*

AFECTO

La mezcla de admiración y piedad es una de las recetas de afecto más seguras.

Andre Maurois, Ariel.

En las personas de carácter y clase como don Fabrizio la facultad de ser divertidos constituye los cuatro quintos del afecto.

Tomasi di Lampedusa, El gatopardo.

Pectoribus mores tot sunt, quot in orbe figurae.
Los afectos son tan variados como las formas de las cosas en el mundo.

Publio Ovidio Nasón,
El arte de amar, I, 759.

Los afectos profundos se parecen a las mujeres honestas; tienen miedo de ser descubiertos y pasan por la vida con la mirada baja.

Gustave Flaubert, La educación sentimental.

ALEGRÍA

A menudo una falsa alegría es mejor que una tristeza con una verdadera causa.

Descartes, *Pasiones del alma.*

Cultivo las alegrías sencillas. Son el último refugio de un espíritu complejo.

Oscar Wilde, *Paradoja y genio: aforismos.*

El dolor es breve y la alegría es eterna.

Friedrich Schiller, *La doncella de Orleans.*

No existe alegría que el mundo pueda dar igual a la que niega.

George Gordon Noel Byron,
Stanzas for music.

Nos plaisirs les plus doux ne vont point sans douleurs.
Nuestros pensamientos más dulces no son libres sin dolor.

Thomas Corneille.

La única alegría del mundo es empezar. Es bonito vivir porque vivir es empezar, siempre, en cualquier instante.

Cesare Pavese, *El oficio de vivir.*

No hay nada en el mundo de larga duración, e incluso la alegría, en el instante que viene detrás del principio, ya no está tan viva; en el tercer instante se vuelve todavía más débil, y se funde insensiblemente con nuestro estado de ánimo habitual, como sobre el agua se confunde al final el círculo producido por la caída de una piedra con la superficie lisa.

Nikolaï Vasilevich Gógol, «La nariz», de
Historias de San Petersburgo.

Todas las grandes alegrías se parecen en sus efectos, a diferencia de los grandes dolores, que tienen una escala de manifestaciones muy variada.

Ippolito Nievo, *Le confessioni di un italiano.*

ALMA

Para hablar

Cuanto más ha recibido el alma en el silencio, más da en la acción.

E. Hello.

De todos los venenos el alma es el más fuerte.

Novalis.

El alma, a diferencia del cuerpo, se nutre de la propia hambre.

G. Thibon.

El alma del hombre no es un saco que se ha de llenar sino un fuego que se debe encender.

Antiguo proverbio.

El alma humana es como un precipicio que atrae a Dios y Dios se lanza.

Julien Green, *Diario*.

Existen misterios en el alma que ninguna hipótesis puede descubrir y que ninguna intención puede revelar.

Gibran Jalil Gibran, *Dichos espirituales*.

Hay algo peor que tener una alma malvada y es tener un alma adicta.

Charles Péguy.

La angelical mariposa.

Dante Alighieri, *Purgatorio*, X, 125.

Para complacerse de lo sencillo es necesario tener una gran alma.

Arturo Graf.

Todos los caminos del espíritu parten del alma pero ninguno vuelve.

Michel de Montaigne, *Ensayos*.

Votre âme est un paysage choisi.
Su alma es un paisaje exquisito.

Verlaine, «Clair de lune», de *Fiestas galantes*.

Para escribir

El alma de algunas personas hace pensar en las pizarras de la escuela sobre las que el tiempo dibuja las señales, las reglas y los ejemplos que una esponja mojada borra enseguida.

Gibran Jalil Gibran, *Dichos espirituales*.

El alma nace vieja y se vuelve joven, esta es la comedia de la vida. El cuerpo nace joven y se vuelve viejo. Esta es la tragedia del alma.

Oscar Wilde, *Paradoja y genio: aforismos*.

Animula vagula blandula, / hospes comesque corporis, / quae nunc abibis in loca / pallidula rigida nudula / nec ut soles dabis iocos.

Pequeña alma, dulce y vagabunda, / huésped y compañera del cuerpo, / dónde irás ahora / pálida glacial y desnuda, / no jugarás más como tenías costumbre.

Adriano, *Ad animam suam.*

El grado supremo del alma es obedecer incluso a lo que la mente se rebela. El grado más ínfimo es rebelarse contra lo que obedece el alma.

Gibran Jalil Gibran, *Dichos espirituales.*

La primera cosa que Dios inspira al alma que se digna a tocar es un conocimiento y una vista totalmente extraordinaria por la que el alma considera a las cosas y a sí misma de una forma totalmente nueva.

Blaise Pascal, *Pensamientos.*

Las almas superficiales necesitan años para librarse de una emoción. El hombre, amo de sí mismo, pone fin a un dolor con la misma facilidad con la que improvisa una alegría.

Oscar Wilde, *Paradoja y genio: aforismos.*

Las grandes almas no son las que aman más a menudo; es sobre un amor violento que estoy hablando: es necesaria una inundación de amor para estremecerla y llenarla. Pero si empiezan a amar, aman mucho mejor.

Blaise Pascal, *Pensamientos.*

Mi alma es una misteriosa orquesta; no sé qué instrumentos toca y hace chirriar dentro de mí: cuerda y arpas, tímpanos y tambores. Me conozco como una sinfonía.

Fernando Pessoa, *Libro del desasosiego.*

Se tiembla al pensar lo misteriosa que es el alma que no reconoce ninguna jurisdicción humana y que, a pesar del inocente y del individuo, continúa teniendo horrendos sueños y continúa murmurando irrepetibles pensamientos.

Herman Melville, *Pierre o las ambigüedades.*

Tal como este espantoso océano rodea la tierra verde, en el alma del hombre se encuentra una insular Tahití, llena de paz y de alegría, pero rodeada de todos los horrores de la vida medio desconocida. ¡Que te proteja Dios! No te alejes de esta isla porque podrías no volver más.

Herman Melville, *Moby Dick.*

AMBICIÓN

Para hablar

Para escribir

Aut Caesar aut nihil.
O César o nada.

                  César Borgia.

All ambitions are lawful except those which climb upward on the miseries or credulities of mankind.
Todas las ambiciones se justifican excepto las que se basan en la miseria y en la credulidad humana.

                  Joseph Conrad.

La ambición es una especie de trabajo.

      Gibran Jalil Gibran, *Dichos espirituales.*

La ambición tiene ojos de bronce que nunca el sentimiento ha humedecido.

           Friedrich Schiller, *Fiesco.*

¡Ay ambición humana, / cauto pavón que con cien ojos / hoy derramas lágrimas y desengaño!

      Luis de Góngora y Argote, *Sonetos fúnebres.*

La realidad es que me gustaría ser el primero entre estos y no el segundo en Roma.

         Plutarco, *Vidas paralelas.*

Las preocupaciones aumentan con las ambiciones.

              Hazrat Alí.

Cuando el hombre no lucha ya por necesidad, lo hace por ambición, una ambición que es tan potente para los corazones humanos que, sea cual sea el grado que alcancen, nunca los abandonan.

      Nicolás Maquiavelo, *Discursos sobre la primera década de Tito Livio*, XXXVII.

Lo que parece generosidad a veces no es más que una ambición enmascarada, que desprecia los pequeños intereses para dirigirse a los más grandes.

     François de La Rochefoucauld, *Máximas.*

Se pasa a menudo del amor a la ambición pero, no se vuelve nunca de la ambición al amor.

     François de La Rochefoucauld, *Máximas.*

Cuando los grandes hombres se dejan abatir por la longitud de sus infortunios demuestran que sólo los soportaban por la fuerza de la ambición y no por la fuerza del alma y que, aparte de una mayor vanidad, los héroes están hechos como los demás hombres.

     François de La Rochefoucauld, *Máximas.*

El ambicioso tiene que luchar siempre contra su época con las armas propias de esa época. Nuestra época cultiva la riqueza. El dios de este siglo es el oro. Para tener éxito se necesita la riqueza. Es necesario ser rico a cualquier precio.

Oscar Wilde, *Paradoja y genio: aforismos.*

El esclavo tiene un único amo; el ambicioso tiene tantos como personas son útiles para su fortuna.

Jean de La Bruyère, *Los caracteres.*

Incluso la ambición más grande ya no tiene el aire de ser lo que es cuando se encuentra en la absoluta imposibilidad de llegar hasta donde quiere llegar.

François de La Rochefoucauld, *Máximas.*

La ambición no se corresponde para nada con la bondad; se corresponde con el orgullo, con la astucia y con la crueldad.

León Tolstoi,
El reino de Dios está en vosotros.

La ambición se adhiere con más facilidad a las almas pequeñas que a las grandes, igual que el fuego se engancha más fácilmente a la paja y a las cabañas que a los edificios.

Sébastien-Roch-Nicolas Chamfort,
Máximas, pensamientos, caracteres y anécdotas.

La modération ne peut avoir le mérite de combattre l'ambition et de la soumettre: elles ne se trouvent jamais ensemble. La modération est la langueur et la paresse de l'âme, comme l'ambition en est l'activité et l'ardeur.
La bondad de ánimo no puede tener el mérito de contrastar la ambición y someterla: se trata de cualidades que no se encuentran nunca juntas. La bondad es la languidez y la pereza del alma, igual que la ambición es la actividad y el ardor.

François de La Rochefoucauld, *Máximas.*

La vida que se inicia con el amor y se termina con la ambición es una vida feliz. Mientras queda en nosotros algo de ardor podemos ser amados; ¡pero este fuego se apaga, se pierde y deja un lugar grande y hermoso a la ambición!

Blaise Pascal, *Pensamientos.*

Una característica típica de los verdaderos ambiciosos es dejarse llevar por las olas sin preocuparse de la espuma.

Charles de Gaulle.

AMISTAD

Para hablar

*Amicum an nomen habeas, aperit cala-
mitas.*
La desventura te aclarará si tienes un
amigo o sólo uno que se pueda llamar
así.

Publilio Siro, *Sentencias*.

Amicus certus in re incerta cernitur.
El amigo seguro se reconoce en la fortuna incierta.

Ennio, *Hécuba*.

Animae dimidium meae.
La mitad de mi alma.

Quinto Horacio Flaco, *Odas*, I, 3, 8.

Cuando mis amigos son bizcos los
miro de perfil.

Joseph Joubert, *Pensamientos*.

*Devant que bien l'on cognoisse un amy /
Manger conviente muy de sel avec luy.*
Antes de conocer bien a un amigo / es
conveniente comer mucha sal con él.

Proverbio francés del siglo XVI.

Desconfiemos de los amigos por sus
defectos y de los enemigos por sus
méritos.

Charles Chincholle.

Diliges amicum tuum sicut te ipsum.
Cuida a tu amigo como a ti mismo.

Levítico.

El falso amigo es como la sombra
que nos sigue mientras dura el sol.

Carlo Dossi, *Notti azzurre*.

El que busca a un amigo sin defectos, se queda sin amigos y encuentra
sólo defectos.

Proverbio turco.

El que deja de ser amigo es porque
no lo ha sido nunca.

Proverbio griego.

El que tiene un amigo verdadero
puede decir que tiene dos almas.

Arturo Graf.

El tiempo, que refuerza las amistades,
debilita el amor.

Jean de La Bruyère, *Los caracteres*.

El verdadero amigo es aquel al que
no se tiene nada que decir. Satisface
al mismo tiempo nuestra rudeza y
nuestra sociabilidad.

Tristan Bernard.

Es más vergonzoso desconfiar de los propios amigos que ser engañados.

La Rochefoucauld, *Máximas.*

Es necesario que tu enemigo y tu amigo estén juntos para afectar a tu corazón: el primero para calumniarte y el segundo para venir a decírtelo.

Mark Twain, *Viaje alrededor del mundo, siguiendo el Ecuador.*

Firmissima est inter pares amicitia.
La amistad entre iguales es muy sólida.

Marco Tulio Cicerón, *Cato Maior de senectute.*

Freundschaft, die der Wein gemacht, / Wahrt, wie der Wein, nur eine Nacht.
La amistad que se basa en el vino dura, como el vino, sólo una noche.

Dicho popular alemán.

La amistad es amor sin sus alas.

George Gordon Noel Byron, *Horas de ocio.*

La amistad es la parentela más cercana.

Hazrat Alí.

La amistad es un camino que desaparece en la arena y no se reconstruye sin descanso.

Proverbio africano.

La amistad nace, no se construye.

Henry Adams,
La educacion sentimental de Henry Adams.

La única forma para tener un amigo es ser un amigo.

Ralph W. Emerson, *Ensayos escogidos.*

Las amistades no se escogen por casualidad, sino según las pasiones que nos dominan.

Alberto Moravia, *La campesina.*

La persona que no ha tenido nunca un enemigo no puede tener amigos.

Alfred Tennyson, *Los idilios del rey.*

Lo que hace indisoluble a las amistades y duplica el encanto es un sentimiento que falta en el amor: la seguridad.

Honoré de Balzac, *Las ilusiones perdidas.*

Lo que nos gusta en los amigos es la consideración que tienen de nosotros.

Tristan Bernard.

Los amigos quieren siempre, han nacido para ser un hermano en la desventura.

Proverbios, 17, 17.

Los verdaderos amigos son los solitarios juntos.

Abel Bonnard, *La amistad.*

Me gusta tener amigos respetables; me gusta ser el peor de la compañía.

Swift, *Diario de Stella.*

Nadie te demuestra más amistad que un amigo cuando lo necesitas.
Tito Maccio Plauto, *Epídico*.

Nos consolamos fácilmente de las desgracias de nuestros amigos cuando nos sirven para mostrar nuestra ternura por ellos.
François de La Rochefoucauld, *Máximas*.

Nos quejamos a veces ligeramente de nuestros amigos para justificar de forma anticipada nuestra liviandad.
François de La Rochefoucauld, *Máximas*.

Por muy raro que sea el verdadero amor, todavía es más rara la verdadera amistad.
François de La Rochefoucauld, *Máximas*.

Querer las mismas cosas y no querer las mismas cosas, esto es en el fondo la verdadera amistad.
Salustio.

Qui invenit (illum) invenit thesaurum.
Quien tiene un amigo tiene un tesoro.
Eclesiastés, 6, 14.

Riñe al amigo en secreto y alábalo en público.
Leonardo da Vinci, *Escritos*.

Se tienen menos amigos de los que se supone pero un poco más de los que se conoce.
Hugo von Hofmannsthal,
El libro de los amigos.

Se puede vivir sin hermanos pero no sin amigos.
Proverbio árabe.

Sin amigos nadie escogería vivir aunque dispusiera de todos los demás bienes.
Aristóteles, *Ética a Nicómano*.

Trata a tu amigo como si pudiera convertirse en un enemigo.
Publilio Siro, *Sentencias*.

Ubi amici, ibi opes.
Allí donde se encuentran los amigos se encuentra la riqueza.
Tito Maccio Plauto, *Truculentus*.
Quintiliano, *Instituciones Oratorias*.

Un amigo, de hecho, no es lo que entre filósofos se llama el Otro necesario; es el otro superfluo.
Soren Kierkegaard, *Diario de un seductor*.

Un amigo es aquella persona en la que la gente cree más que en otro cuando habla mal de nosotros.
Jean Rostand.

¿Y quién muere sin llevarse a su propia tumba por lo menos una patada recibida como un don por un amigo?
William Shakespeare,
Timón de Atenas, acto I, escena II.

Para escribir

___

Al hombre le gusta ver a su mejor amigo humillado delante suyo.
Para la mayor parte de los hombres, la amistad está basada en la humillación.

Fiodor Mijailovich Dostoievski, *El jugador.*

Dicen que los amigos se ven en las dificultades, cuando los necesitas, y la amistad se juzga con el metro de la bolsa (…). En cambio, yo digo que los amigos los ves en la fortuna, cuando las cosas te van bien, y el amigo se queda atrás y tú vas hacia delante y cada paso hacia delante que das es para el amigo como un rapapolvo o incluso un insulto. Entonces lo ves al amigo. Si realmente es un amigo se alegra de tu suerte, sin reservas (…). Pero si no es realmente tu amigo, la carcoma de la envidia entra en su corazón y lo corroe.

Alberto Moravia, «Quant'è caro», de *Nuovi racconti romani.*

Donec eris felix, multos numerabis amicos; / tempora si fuerint nubila, solus eris.
Mientras tengas suerte tendrás muchos amigos; cuando los tiempos se oscurezcan te quedarás solo.

Publio Ovidio Nasón, *Tristes,* I, 9, 5-6.

El amigo que no es capaz de recordar, en un momento difícil, una o dos cosas que nunca han pasado, no vale más que el amigo que no sabe olvidar nada.

Samuel Butler, *Cuadernos.*

El amor propio hace mayores o menores a nuestros ojos las buenas cualidades de nuestros amigos, según las ventajas que obtenemos de ellos, y de esta forma juzgamos su mérito según la forma en la que se comportan con nosotros.

François de La Rochefoucauld, *Máximas.*

Es verdad, tal como dice Cicerón, que la virtud es la base de la amistad y no puede existir amistad sin virtud, puesto que la virtud no es más que lo contrario del egoísmo, el principal obstáculo a la amistad.

Giacomo Leopardi, *Zibaldone.*

Le plus grand effort de l'amitié n'est pas de montrer nos défauts à un ami, c'est de lui faire voir les siens.
El esfuerzo más grande de la amistad no es mostrar nuestros defectos a un amigo sino hacerle ver los suyos.

François de La Rochefoucauld, *Máximas.*

Lo que los hombres han llamado amistad no es más que una asociación de intereses y un intercambio recíproco de atenciones y buenos oficios; en definitiva, no es más que un comercio en el que el amor propio se propone siempre ganar algo.

François de La Rochefoucauld, *Máximas.*

Lo que nos hace ser tan cambiantes en nuestras amistades es la dificultad de conocer las cualidades del ánimo y la facilidad de conocer las de la mente.

François de La Rochefoucauld, *Máximas.*

No podemos amar nada que no esté en relación con nosotros y no hacemos más que seguir nuestro gusto y nuestro placer cuando preferimos a nuestros amigos en lugar de a nosotros mismos. Y sin embargo, es sólo en virtud de esta preferencia que puede existir una verdadera y perfecta amistad.

François de La Rochefoucauld, *Máximas*.

Observa: te tienden una mano amiga. / Acéptala y pregúntate si un día te golpeará como enemiga.

Omar Khayyam.

Pero en el fondo no se tienen amigos, se tienen sólo cómplices. Y cuando la complicidad desaparece, la amistad se desvanece.

Pierre Reverdy, *Le livre de mon bord*.

Pocas amistades sobrevivirían si cada uno supiera lo que su amigo dice de él en su ausencia, aunque hable sinceramente y sin pasión.

Blaise Pascal, *Pensamientos*.

Si es verdad que en cada amigo hay un enemigo que dormita, ¿no podría ser que en cada enemigo existiera un amigo que esperase su momento?

Giovanni Papini, *Amici e nemici*.

Si un amigo ofende tu amor propio, deja pasar un día y perdónalo; pero si ofende a tu fe no esperes ni siquiera un minuto y reniega de él.

Ugo Ojetti, *Sessanta*.

Those friends thou hast, and their adoption tried / Grapple them to thy soul with hoops of steel.
Los amigos que tienes y cuya amistad ya has puesto a prueba / engánchalos a tu alma con ganchos de acero.

William Shakespeare, *Hamlet*, acto I.

Un véritable ami est le plus grand de tous les biens, et celui de tous qu'on songe le moins à acquérir.
Un verdadero amigo es el mayor de los bienes y aquel de entre todos que menos nos preocupamos de comprar.

François de La Rochefoucauld, *Máximas*.

Vinum novum amicus novus; veterascet et cum suavitate bibes illud.
Un amigo nuevo es como el vino nuevo: envejecerá y lo beberás con gran delicia.

Eclesiastés.

Yo estoy convencido de que si todos los hombres supieran lo que dicen los unos de los otros no habría ni siquiera cuatro amigos en todo el mundo. Se ve a través de todas las peleas que nacen de los discursos realizados indiscretamente.

Blaise Pascal, *Pensamientos*.

AMOR

_____

Aimer c'est la moitié de croire.
Amar es la mitad de creer.
Victor Hugo, «Que nous avons le dout en
nous», de *Les chants du crepuscule*.

Ama y haz lo que quieras.
San Agustín,
Comentario al Evangelio de Juan, VIII, 7.

Amar no es mirarse el uno al otro, es
mirar juntos en la misma dirección.
Antoine de Saint-Exupéry,
Terre des hommes.

Ama tamquam osurus.
Ama como si luego tuvieras que odiar.
Marco Tulio Cicerón, *Laelius de amicitia*, 16.

Amor ch'al cor gentil ratto s'apprende.
Amor que acude rápidamente al co-
razón cortés.
Dante Alighieri, *Infierno*,
V, 100 (Francesca da Rimini).

Amor ch'a nullo amato amar perdona.
Amor que a ningún amado de amar
exime.
Dante Alighieri, *Infierno*,
V, 103 (Francesca da Rimini).

Amor es revelación imprevista: el beso
es siempre un descubrimiento.
Anónimo.

*Amor fra l'ombre inferne / seguirammi
immortale, omnipotente.*
Amor entre las sombras infernales me
seguirá inmortal, omnipotente.
Ugo Foscolo,
soneto «Meritamente, però ch'io potei».

Amor mi mosse, che mi fa parlare.
El amor me creó y me permite hablar.
Dante Alighieri,
Infierno, II, 72 (Beatriz a Virgilio).

Amor y majestad no van juntos.
Metastasio, *Didone abbandonata*,
acto II, escena X (Selene).

*Amore, / amor, di nostra vita ultimo in-
ganno.*
El amor es el último espejismo de
nuestra vida.
Giacomo Leopardi,
«A Angelo Mai», de los *Cantos*.

Amore è di sospetti fabbro.
El amor es forjador de sospechas.
Silvio Pellico, *Francesca da Rimini*.

Amore e 'l cor gentil sono una cosa.
El amor y el corazón cortés son la misma cosa.

Dante Alighieri, *Vida nueva.*

Amor non lega troppo eguali tempre.
El amor no une temperamentos muy semejantes.

Guido Gozzano,
«Il buon compagno», de *I colloqui.*

Amor vuol pari stato e giovanezza.
El amor desea igualdad de estado y juventud.

Miguel Ángel, «Mentre i begli occhi giri»,
de las *Obras escogidas.*

¡Ay qué trabajo me cuesta / quererte como te quiero!

García Lorca, «Es verdad».

Cuando no se ama demasiado no se ama suficiente.

Roger de Bussy-Rabutin,
Maximes d'amour pour les femmes.

Cuando no se tiene lo que se ama, es necesario amar lo que se tiene.

Roger de Bussy-Rabutin,
Correspondencia con Madame de Sévigné.

Difficile est longum subito deponere amorem.
Es difícil curarse de golpe de un amor que ha durado largo tiempo.

Cayo Valerio Catulo, *Carmina*, LXXVI, 13.

Donde existe el amor la noche no llega nunca.

Proverbio de Burundi.

¡El amor es un asunto terriblemente loco!

Emanuel Schikaneder.

El amor es un deseo irresistible de ser irresistiblemente deseados.

Robert Frost, *Comment.*

El amor no sabe qué hacer con las cualidades morales.

Paul Léautaud, *Amour.*

El amor se paga con amor.

Paolo Rolli, «Bella mano ma sdegnosa», de
la *Ode d'argomenti amorevoli.*

El amor sin dolor no tiene vida.

Dietmar von Eist,
Dormi ancora, mio bell'amante?

El amor son el espacio y el tiempo que se vuelven sensibles para el corazón.

Marcel Proust, *La prisionera.*

El camino a través del bosque no es largo si se ama a la persona a la que se va a visitar.

Proverbio de Zaire.

El misterio del amor es más grande que el misterio de la muerte.

Oscar Wilde, *Paradoja y genio: aforismos.*

El placer de amar sin atreverse a decirlo tiene sus penas pero también sus dulzuras.

Blaise Pascal, *Pensamientos.*

El verdadero amor es una tranquilidad encendida.

Giuseppe Ungaretti, «Silenzio in Liguria», del *Sentimiento del tiempo.*

En amor, cuanto más se habla menos se dice.

Princesa Karadja.

En amor no hay desastre más horrible que la muerte de la imaginación.

George Meredith, *The egoist.*

En relación con el amor, el exceso es siempre excesivamente poco.

Pierre Agustin Caron de Beaumarchais.

Es mejor haber amado y perdido que no haber amado nunca.

Samuel Butler, *Cuadernos.*

Es una desgracia que nadie nos ame, pero es una ofensa que ya dejen de hacerlo.

Charles de Secondat, barón de Montesquieu, *Cartas persas.*

Incluso el amor es un lujo.

Albert Camus, prólogo a Louis Guilloux, *La casa del popolo.*

El amor es la condición en la que el hombre ve las cosas de forma distinta a como son.

Friedrich Nietzsche, *El anticristo.*

El amor, sea de la especie que sea, no está nunca triste.

Aldo Palazzeschi, *Las hermanas Materassi.*

El verdadero amor no sabe hablar.

William Shakespeare, *Los dos hidalgos de Verona*, acto I, escena II.

La mayor felicidad, después de la de amar, es la de confesar el propio amor.

André Gide.

La medida del amor es amar sin medida.

San Agustín.

La verdad es que nos gusta estar enamorados.

W. M. Thackeray, *Memorias de Enrique Esmond.*

Las personas que amamos son bocetos de posibles cuadros.

Hugo von Hofmannsthal, *El libro de los amigos.*

Le coeur n'a pas de rides.
El corazón no tiene arrugas.

Madame de Sévigné.

No existe el amor desperdiciado, señor.

Cervantes, *Don Quijote*.

Nunc scio quod sit amor.
Ahora ya sé lo que es el amor.

Publio Virgilio Marón, *Bucólicas*, VIII, 43.

Odero, si potero; si non, invitus amabo.
Odiaré si me es posible; de no ser así, amaré a mi pesar.

Publio Ovidio Nasón, *Amores*, III, 11, 35.

On ne badine pas avec l'amour.
Con el amor no se bromea.

Alfred de Musset, título de una comedia.

Pero siempre es tarde para amar.

Salvatore Quasimodo, «Dialogo», de *La vita non è sogno*.

Por favor, ámame poco y de esta forma me amarás por mucho tiempo.

Robert Herrick, *Hesperides*.

¿Por qué es necesario amar raramente para amar mucho?

Albert Camus, *El mito de Sísifo*.

Se ama sólo aquello que no se posee completamente.

Marcel Proust, *La prisionera*.

Si amo, para mí no habrá infierno.

J. Escrivà.

Si tú me amaras y si yo te amara, cómo te amaría.

Paul Géraldy, *Tú y yo, vosotros y yo*.

Sólo existe una clase de amor, pero en mil versiones distintas.

François de La Rochefoucauld, *Máximas*.

Supone ya una felicidad poder amar, aunque sea sólo uno el que ama.

Théophile Gautier, *Mademoiselle de Maupin*.

That Love is all there is, / is all we know of Love.
Que el amor es todo, es todo lo que sabemos del amor.

Emily Dickinson, *Poemas*.

Todo aquel que ha amado conserva una cicatriz.

Alfred de Musset, «Lettre à M. de Lamartine», en *Poésies nouvelles*.

Un amor definido es un amor acabado.

André Berthet.

Un corazón es un riqueza que no se vende y no se compra, sino que se da.

Gustave Flaubert.

Para escribir

Amo como ama el amor. / No conozco otra razón para amarte que amarte. / ¿Qué quieres que te diga además de

que te amo, / si lo que te quiero decir
es que te amo?

Fernando Pessoa, *Fausto*.

Amor es todo lo que aumenta, alarga y
enriquece nuestra vida, hacia todas las
alturas y todas las profundidades. El
amor no es un problema, tal como no
lo es un vehículo; los problemáticos
son sólo los conductores, los viajeros y
la carretera.

Franz Kafka,
Conversaciones con Gustav Janouch.

*And ruin'd love, when it is built anew, /
grows fairer than at first, more strong, far
greater.*
Un amor hundido y reconstruido, /
crece fuerte, gallardo y más grande
que antes.

William Shakespeare, Soneto CXIX.

*Cras amet qui numquam amavit; quique
amavit cras amet.*
Mañana amará el que nunca ha amado y quien ha amado amará.

Pervigilium Veneris.

Cuando decimos que podemos amar a
una persona toda la vida es como pretender que una vela continúe ardiendo
durante el tiempo en que vivamos.

León Tolstoi, *La sonata a Kreutzer*.

El amor, al igual que el fuego, no puede subsistir sin un continuo movimiento y deja de existir en cuanto se
deja de esperar o de temer.

François de La Rochefoucauld, *Máximas*.

El amor consiste en esto, en que dos
soledades se protejan la una a la otra,
se toquen y se saluden.

Rainer Maria Rilke, *Cartas a un joven poeta*.

El amor es más prudente, desconfiado y ferozmente lúcido de lo que se
cree. No se crean ilusiones sobre el
objeto amado. Se ama, eso es todo.

Pierre Benoit, *La castellana del Líbano*.

El amor es un castigo. Se nos castiga
por no haber sabido quedarnos solos.

Marguerite Yourcenar, *Fuegos*.

El amor mata lo que fuimos para que
podamos ser lo que no éramos.

San Agustín, *Confesiones*.

El primer efecto del amor es inspirar
un gran respeto; se tiene una especie
de veneración por lo que se ama. Es lo
correcto, no se ve nada en el mundo
tan grande como el propio amor.

Blaise Pascal, *Pensamientos*.

El que se ama a sí mismo por encima
de todas las cosas (...) no pasa por la
puerta del reino de los cielos, de la
misma forma que el dedo de la novia,
doblado sobre sí mismo, no pasa por
el anillo que le ofrece el novio.

Antonio Fogazzaro, *Il Santo*.

En amor, el que más recibe se enfada,
siente el aburrimiento y la ingratitud
de todos los ricos.

Philippe Gerfaut.

En el sentimiento del amor hay algo singular, capaz de resolver todas las contradicciones de la existencia y de proporcionar al hombre el bien total, cuya búsqueda constituye la vida.

León Tolstoi, *Ana Karénina*.

Il est du véritable amour comme de l'apparition des esprits: tout le monde en parle, mais peu de gens l'ont vu.
El verdadero amor es como la aparición de los espíritus: todos hablan de ello pero pocos lo han visto.

François de La Rochefoucauld, *Máximas*.

Entre los rumores del gentío nos encontramos nosotros dos / felices de estar juntos, hablando / poco, quizá ni siquiera una palabra.

Walt Whitman.

La felicidad no se encuentra en el hecho de ser amados puesto que no es más que una satisfacción de vanidad mezclada con malestar. La felicidad se encuentra en el hecho de amar.

Thomas Mann, *Tonio Kröger*.

Fortis est ut mors dilectio, dura sicut infernus aemulatio.
El amor es fuerte como la muerte, los celos son duros como el infierno.

El Cantar de los Cantares, 8, 6.

La vie est un sommeil, l'amour en est le rêve, / et vous aurez vécu, si vous avez aimé.
La vida es un sueño, el amor es una ilusión y habrá vivido si ha amado.

Alfred de Musset,
Con qué sueñan las muchachas.

Hay enamorados que miran en el amor como en el sol y se vuelven sencillamente ciegos; mientras que otros descubren con sorpresa por primera vez la vida cuando el amor la ilumina.

Robert Musil, *El hombre sin atributos*.

Lo que sentimos cuando estamos enamorados es quizá nuestra condición normal. El amor muestra al hombre tal como debería ser.

Anton Pavlovich Chejov, *Cuadernos*.

Hay personas que nunca se hubieran enamorado si no hubieran oído hablar del amor.

François de La Rochefoucauld, *Máximas*.

Me di cuenta enseguida de que el amor es similar a la sed: una gota de agua lo hace aumentar.

Restif de la Bretonne,
Monsieur Nicolas ou le coeur humain dévoilé.

I am two fools, I know, / for loving, and for saying so, / in whining poetry.
Soy dos veces tonto, ya lo sé, / porque amo y porque lo digo / mediante lamentosas poesías.

John Donne, *Three times fool*.

¿Qué es el amor? Preguntad a quien vive qué es la vida. Preguntad a quien adora quién es Dios.

Percy Bysshe Shelley, *Sobre el amor.*

¿Quiere saber mi impresión sobre el amor? El amor satisfecho es un agradable pasatiempo; el amor infeliz es un diente dañado del corazón. Gracias al cielo, hemos tenido los dos la suerte de conocer sólo de nombre una tal desgracia. Mi amor por usted es una sinfonía en sol mayor dedicada a la más guapa de todas las mujeres de su fiel adorador.

Rossini, carta a Colbran.

Remittuntur ei peccata multa, quoniam dilexit multum. Cui autem minus dimittitur, minus amat.
Se le han perdonado sus muchos pecados porque ha amado mucho. Aquel al que poco se perdona, poco ama.

Lucas, VII, 47.

Se estremece mi alma Eros, / como viento en el monte / que irrumpe dentro de los robles; / y deshace los miembros y los mueve, / dulce y amarga indomable serpiente.

Safo, «Se ha puesto ya la luna».

Sin duda es duro dejar de ser amados cuando se ama; pero no es nada frente a ser todavía amados cuando ya no se ama.

Georges Courteline,
La filosofia di Georges Courteline.

Teníamos que saber que el amor / quema la vida y hace volar el tiempo.

Vincenzo Cardarelli, «Passato», de *Poesie.*

Todos los amores del hombre, aunque diversos, se mueven con el mismo motor.

Alfieri, *Vida,* parte I, época I, cap. II.

Un amor duradero y resistente empieza siempre con la elocuencia muda de los actos. Los ojos tienen el mejor papel. Pero es necesario saber interpretar e interpretar bien.

Blaise Pascal, *Pensamientos.*

Una palabra nos libra de todo el peso y el dolor de la vida, esa palabra es amor.

Sófocles, *Edipo en Colono.*

ANIMALES

Para hablar

Les bêtes ne sont pas si bêtes que l'on pense.
Los animales no son tan animales como se piensa.

Molière, *Amphytrion.*

Nuestro amor por los animales se mide por los sacrificios que estamos dispuestos a realizar por ellos.

Konrad Lorenz, *El anillo del rey Salomón.*

Perro ladrador poco mordedor.

Proverbio

Para escribir

Creo que los animales ven en el hombre a un ser igual a ellos que ha perdido de forma extremadamente peligrosa el sano intelecto animal, es decir, que ven en él al animal irracional, al animal que ríe, al animal que llora, al animal infeliz.

Friedrich Nietzsche, *La gaya ciencia.*

Creo que podría ir a vivir con los animales, son tan tranquilos y dignos, / los miro durante largo tiempo. / No sudan y no se quejan sobre su condición, / no permanecen despiertos en la oscuridad y no lloran sobre sus pecados, / no me provocan náuseas discutiendo de sus deberes para con Dios, / ninguno está descontento, ninguno está reducido a la locura de la manía de poseer cosas, / ninguno se arrodilla a otro ni a sus símiles que han vivido hace millones de años, / ninguno es respetable o infeliz sobre toda la tierra.

Walt Whitman, *Hojas de hierba.*

APARIENCIA

Para hablar

En este mundo es importante no tener el aspecto de lo que se es.
> André Gide, *Los sótanos del Vaticano.*

La barba no hace al filósofo.
> Plutarco, *Dispute conviviali.*

Nimium ne crede colori.
No te fíes demasiado del color.
> Publio Virgilio Marón, *Bucólicas*, II, 17.

Nolite iudicare secundum faciem.
No juzguéis según la apariencia.
> Juan, 7, 24.

Todos ven lo que tú pareces y pocos sienten lo que eres.
> Maquiavelo, *El príncipe.*

Sé lo que pareces.
> Lewis Carroll,
> *Alicia en el país de las maravillas.*

Para escribir

... ein artiger Schein soll gleich die plumpe Wahrheit sein.
... una vaga sombra / puede ser igual a una áspera verdad.
> Johann Wolfang von Goethe, *Fausto.*

Lo universal de los hombres es que se alimentan tanto de lo que parece como de lo que es e incluso muchas veces se mueven más por las apariencias que por la realidad.
> Nicolás Maquiavelo, *Discursos sobre la primera década de Tito Livio*, I, XXV.

¡Oh dignidad del poder, oh apariencia legada a ella, cuántas veces con tu corteza y con tus vestidos arrancas la reverencia de los memos y vinculas el espíritu de los más sabios a sus falsos semblantes!
> William Shakespeare,
> *Medida por medida*, acto II, escena IV.

ARMAS

Para hablar

Cedant arma togae, concedat laurea laudi.
Que las armas cedan el puesto a la
toga y el laurel militar a las alabanzas.

Marco Tulio Cicerón, *De suo consulatu.*

Furor arma ministrat.
Las armas están al servicio del furor.

Publio Virgilio Marón, *Eneida*, I, 150.

Las armas más seguras son instrumentos de desventuras.

Lao Tzu, *Tao Te Ching.*

Para escribir

Los ricos de todos los países han estado siempre más dispuestos a gastar para comprar armas que para obtener el bienestar. Son menos reacios a pagar por motivos bélicos que por motivos sociales. Están más preparados para regalar bombas a los extranjeros que casas y subsidios a sus compatriotas (...). Debe de tratarse de un aspecto de la psicología humana. Yo no sé explicarlo.

Arnold J. Toynbee,
entrevista concedida a John Hicks.

ARTE

Para hablar

Aparte de la santidad, el arte es la única cosa limpia sobre la tierra.
Joris-Karl Huysmans,
Las muchedumbres de Lourdes.

Cuanto más controlado, limitado y trabajado es el arte, más libre es.
Igor Stravinski, *Poética musical.*

El arte es la manifestación más intensa del individualismo que el mundo conoce.
Oscar Wilde,
El alma del hombre bajo el socialismo.

El arte es magia libre de la mentira de ser verdad.
Theodor W. Adorno, *Minima moralia.*

El arte es todo él inútil.
Oscar Wilde, *El retrato de Dorian Gray.*

El arte no consiste en representar cosas nuevas sino en representar con novedad.
Ugo Foscolo, *Epistolario.*

El arte no enseña nada, sólo el sentido de la vida.
Henry Miller, *The wisdom of the heart.*

El arte no es el sirviente de la multitud.
Platen, *La forchetta fatale.*

El verdadero principio artístico es la reserva.
Thomas Mann, *Goethe y Tolstoi.*

En arte, lo bastante bueno es óptimo.
Johann Wolfang von Goethe,
Viaje por Italia.

Es sacando que se crece. El arte del escultor es el de sacar.
Miguel Ángel.

Il faut de la religion pour la religion, de la morale pour la morale, de l'art pour l'art.
Se necesita religión para la religión, moral para la moral y arte para el arte.
Victor Cousin, *Curso de filosofía.*

L'art, de plus en plus, aura une patrie.
El arte tendrá cada vez más una patria.
Guillaume Apollinaire,
El nuevo espíritu y los poetas.

L'Art ne me connait. Je ne connais pas l'Art.
El Arte no me conoce. Yo no conozco el Arte.
Tristan Corbière, «Ça ça?»,
de *Les amours jeunes.*

La belleza no es el destino del arte. El arte es pérdida y no ganancia.

Leonardo Sinisgalli, *L'età della luna.*

La esencia del arte es discreción infinita.

Gottfried Benn, *Doble vida.*

Maintenant je puis dire que l'art est une sottise.
Ahora puedo decir que el arte es una tontería.

Arthur Rimbaud, apuntes de *Una temporada en el infierno.*

Mais l'Art, c'est l'Inconnu!
¡Pero el Arte es lo Desconocido!

Jules Laforgue, «Complainte des bons ménages», de *Les complaintes.*

Qu'est-ce que l'Art, monsieur? C'est la nature concentrée.
Señor, ¿qué es el arte? Es la naturaleza concentrada.

Honoré de Balzac, *La piel de zapa.*

Si el mundo fuera claro el arte no existiría.

Albert Camus, *El mito de Sísifo.*

Todo el interés del arte se encuentra en el principio. Después del principio viene ya el fin.

Picasso, conversación con E. Téraide, en *L'intransigeant,* 15 de junio de 1932.

Para escribir

Buscar despacio, humilde, y constantemente expresar, volver a explotar de la tierra bruta o de lo que ella genera, de los sonidos, de las formas o de los colores, que son las puertas de las prisiones de nuestra alma, una imagen de esa belleza que hemos conseguido comprender, eso es el arte.

James Joyce, *Retrato del artista adolescente.*

Creo que un verdadero amor por el arte es un don, así como el crearlo; y también puede ser que los dos procedan de la misma fuente mental.

Bernard Berenson, *Amanecer y crepúsculo.*

El arte, en algunas circunstancias, hace estremecer a las almas mediocres y les puede revelar mundos enteros a través de sus intérpretes más toscos.

Gustave Flaubert, *Bouvard y Pécuchet.*

El arte, entendiendo el término que indica colectivamente pintura, escultura, arquitectura y música, es el mediador y reconciliador de la naturaleza y el hombre. Por lo tanto, es el poder de humanizar la naturaleza, de inspirar los pensamientos y las pasiones del hombre en todo lo que es el objeto de su contemplación.

Coleridge, *Sobre poesía o arte.*

El arte es la suprema manifestación de la potencia del hombre; se concede a muy pocos elegidos, y eleva al escogido a una altura donde el hombre siente vértigo y donde es difícil conservar la mente sana. En el arte, como en todas las luchas, existen héroes que se dedican por completo a su misión y que mueren sin alcanzar la meta.

León Tolstoi, *Albert.*

El arte es un tirano que se complace poniendo en dificultad a sus siervos y que no quiere que parezca que están en dificultad.

Fénelon, *Reflexiones sobre poética.*

El arte (...) es una esponja (...) que tiene que absorber y dejarse impregnar (...). Tiene que estar siempre en medio de los espectadores y mirar cada cosa con una pureza, una receptividad y una fidelidad cada vez más grandes.

Boris Pasternak, *El salvoconducto.*

El arte es una nativa consideración de la excelencia de la naturaleza que viene con nosotros desde la infancia.

Pietro Aretino, *Cartas.*

El arte no pide nunca a nadie que haga nada, que piense nada, que sea nada. Existe como el árbol: se puede admirar, nos podemos sentar a su sombra, se pueden recoger plátanos, se puede cortar madera para quemar, se puede hacer absolutamente todo lo que se quiera.

Pound, *El verdadero artista.*

El arte vuela alrededor de la verdad, pero no con una voluntad muy precisa de no quemarse. Su talento consiste en encontrar en el vacío oscuro un lugar en el que (...) se puedan interceptar con potencia los rayos luminosos.

Franz Kafka,
Preparativo de una boda campestre.

El objetivo de todos los artistas es detener el movimiento, que es vida, con medios artificiales, y mantenerlo quieto pero de tal forma que cien años después, cuando un extraño lo mire, vuelva a moverse, porque es vida.

William Faulkner, en una entrevista, 1958.

Es necesario repetir el mismo tema diez veces, cien veces. Nada en el arte puede parecer producto de la casualidad.

Degas, carta a Bartholomé.

Hacernos sentir pequeños de la forma correcta es una función del arte; los hombres pueden hacernos sentir pequeños sólo de la forma equivocada.

E. M. Forster, *Two cheers for democracy.*

Sólo se puede aprender el arte en los talleres de aquellos que se ganan la vida con el arte.

Samuel Butler, *Erewhon.*

BELLEZA

A thing of beauty is a joy for ever.
Una cosa bella es una cosa para
siempre.
John Keats, Endimion.

*Beauté, présent d'un jour que le ciel
nous envie.*
Belleza, don de un día que el cielo
nos envidia.
Alphonse de Lamartine,
Meditaciones poéticas.

Es bello lo que es excitante y sublime.
Schlegel, Fragmentos.

Lo bello es el esplendor de lo Verdadero.
Platón.

Lo bello es el símbolo del bien moral.
Immanuel Kant, Crítica del juicio.

*La beauté n'est qu'une promesse de bon-
heur.*
La belleza no es más que una promesa de felicidad.
Stendhal, Del amor.

La belleza de las cosas existe en la
mente que las contempla.
Hume, Ensayos políticos.

La belleza es como una bonita gema
para la que el mejor engarce es el
más sencillo.
Francis Bacon, Ensayos.

La belleza es el don de Dios.
Aristóteles; de Diógenes Laercio,
Vidas de filósofos.

La belleza puede herirnos como un
dolor.
Thomas Mann, Los Buddenbrook.

Pulchra dicuntur quae visa placent.
Reciben el nombre de bellas las cosas
que gustan a la vista.
Santo Tomás de Aquino, Suma teológica.

Sólo puede ser bello lo que es grave.
Anton Pavlovich Chejov, La gaviota.

Una cosa bella mortal pasa y no dura.
Francesco Petrarca, soneto «Chi vuol veder
quantunque po natura».

Todos tenemos en nosotros mismos el
original de la belleza de la que buscamos la pareja en el vasto mundo.
Blaise Pascal, Pensamientos.

Para escribir

«*Beauty is truth, truth beauty*» — *that is all / ye know on earth, and all ye need to know*».

«La belleza es verdad, la verdad es belleza»; eso es todo / lo que sabéis sobre la tierra, y todo lo que tenéis necesidad de saber.

John Keats, Oda a una urna griega.

Hablo de la belleza. No nos ponemos a hablar de un viento de abril. Cuando la encontramos nos sentimos reanimados. Nos sentimos reanimados cuando encontramos en Platón un pensamiento que corre rápido, o un buen perfil de una estatua.

Pound, El verdadero artista.

He encontrado la definición de Bello, de mi Bello. Es algo ardiente y triste... Una cabeza seductora y bella, una cabeza de mujer, quiero decir, es una cabeza que hace soñar juntos pero de una forma confusa, de voluptuosidad y de tristeza; que comporta una idea de melancolía, de cansancio e incluso de saciedad.

Charles Baudelaire, Escritos íntimos.

La belleza es una garantía de la posible conformidad entre el alma y la naturaleza y, por lo tanto, un motivo de fe en la supremacía del bien.

George Santayana,
El sentido de la belleza.

Es en la conveniencia a su fin en lo que consiste la belleza de todas las cosas, y fuera de la cual nada es bello.

Giacomo Leopardi, Zibaldone.

Lo bello es una manifestación de enigmáticas leyes de la naturaleza, que sin la aparición de eso hubieran permanecido eternamente ocultas.

Johann Wolfang von Goethe,
Máximas y reflexiones.

¿Qué es la belleza? Una convención, una moneda que ha corrido sólo en un determinado tiempo y en un determinado lugar.

Ibsen, Peer Gynt.

Se ha dicho que la belleza es una promesa de felicidad. Inversamente, la posibilidad de agradar puede ser un principio de belleza.

Marcel Proust, La prisionera.

BIEN

Para hablar

El bien no está en la grandeza sino la grandeza en el bien.

Zenón de Elea.

El bien no se aprecia hasta que se ha perdido.

Herder, *El Cid.*

No es suficiente hacer el bien; es necesario hacerlo bien.

Denis Diderot, *Pensamientos filosóficos.*

Quien puede hacer el bien y no lo hace, ese comete pecado.

Johan H. Pestalozzi, *Reden.*

Sólo el bien que está todavía en nosotros puede ayudarnos a conseguir lo mejor que nos falta.

Johan H. Pestalozzi,
Ansichten und Erfahrungen.

Para escribir

El pretexto habitual de los que provocan la infelicidad en los demás es que quieren hacer el bien.

Vauvenargues, *Máximas.*

Me he quedado sorprendido del placer que supone hacer el bien, y estoy tentado de creer que las llamadas personas virtuosas no tienen tanto mérito como nos quieren hacer creer.

Pierre Choderlos de Laclos,
Las amistades peligrosas.

CANSANCIO

Para hablar

Con el sudor de tu frente comerás el pan hasta que vuelvas a la tierra, de donde provienes.

Génesis, 3, 19.

Cuando un soldado o un pueblerino se lamenta del trabajo que debe soportar, ponedlo enseguida a no hacer nada.

Blaise Pascal, *Pensamientos*.

Nihil sine magno vita labore dedit mortalibus.
Nunca la vida dio a los mortales algo que no fuera a precio de un gran cansancio.

Quinto Horacio Flaco, *Sátiras*, I, 9, 59.

Oleum et operam perdidi.
He perdido el aceite y el cansancio.

Tito Maccio Plauto, *Poenulus*, I, 2, 119.

Tú, Dios, nos vendes todos los bienes a precio de cansancio.

Leonardo da Vinci, *Escritos*.

Y con el hacer nada se aprende a comportarse mal.

Ludovico Muratori,
Della filosofia morale.

Para escribir

El que quiere subir hasta lo más alto, tiene que velar mucho por la noche. El que desea perlas, tiene que sumergirse en el mar profundo.

Las mil y una noches.

Los niveles alcanzados y retenidos por los grandes hombres / no se alcanzaron con un vuelo imprevisto; / esos hombres, mientras sus compañeros dormían, / ascendían con gran esfuerzo durante la noche.

Henry Wadsworth Longfellow,
La escalera de San Agustín.

No es necesario que un hombre se gane la vida con el sudor de su frente, a menos que sudar le sea más fácil que a mí.

Henry David Thoreau, *Walden.*

Un trabajo en el que encontramos placer es una medicina contra el cansancio que tenemos que soportar.

William Shakespeare, *Macbeth*, acto II, escena III (Macbeth).

Unas cien veces al día me recuerdo a mí mismo que mi vida interior y exterior están basadas en las fatigas de otros hombres, vivos o muertos, y que yo tengo que esforzarme al máximo para dar en la misma medida con que he recibido.

Albert Einstein, *Living Philosophies.*

CARRERA

Para hablar

Fíate de ti mismo. Sabes más de lo que te piensas.

Benjamin Spock.

La moral es la estima de uno mismo en acción.

Avery Weisman.

Preferiría ser el primero entre estos que el segundo en Roma.

Cayo Julio César.

Para escribir

Tout soldat français porte dans sa giberne le bâton de maréchal de France.
Cada soldado francés lleva en su cartuchera el bastón de mariscal de Francia.

Napoleón.

Un experto es alguien llamado en el último momento para compartir la responsabilidad de una decisión equivocada.

San Ewing, *Mature living*.

CASA

Para hablar

A partir de la cáscara se puede saber mucho del molusco, y a partir de la casa se puede saber mucho del inquilino.

> Victor Hugo, Los burgraves.

Home sweet home.
Hogar dulce hogar.

> John Howard Payne.

Las casas están hechas para vivir, no para ser observadas.

> Francis Bacon, *Ensayos.*

Non domo dominus sed domino domus.
No el patrón por la casa sino la casa por el patrón.

> Inscripción en la fachada de la casa de Rossini en Bolonia.

Une maison est une machine à habiter.
Una casa es una máquina para vivir.

> Le Corbusier, *Hacia una arquitectura.*

Para escribir

Esta es la verdadera naturaleza de la casa: el lugar de paz; el refugio, no sólo de cada uno de los errores, sino también de cada miedo, duda y discordia.

> John Ruskin, *Sésamo y lirios.*

Parva, sed apta mihi, sed nulli obnoxia, sed on / sordida; parta meo sed tamen aere domus.
Pequeña, pero suficiente para mí, y no sujeta a nadie; digna y comprada con mi propio dinero.

> Ludovico Ariosto,
> inscripción en su casa de Ferrara.

Una regla de oro, válida para todos (...): no tengas en tu casa nada que no creas que sea útil y que no creas que sea bonito.

> William Morris, *La belleza de la vida.*

CASTIGO-CULPA

Para hablar

Cuando señalas con el dedo para condenar, tres dedos se quedan apuntando hacia ti.

Proverbio indio.

Denn alle Schuld racht sich auf Erden.
Sobre la tierra se castigan todas las culpas.

Johann Wolfang von Goethe,
Los años de aprendizaje de Wilhelm Meister.

El castigo es un reposo para las almas amables.

Leonardo Sinisgalli, *L'età della luna.*

El castigo merecido (...) es una antorcha que ilumina y un bálsamo que cura.

Giovanni Faldella, *Il male dell'arte.*

No se debe condenar a nadie y no se debe considerar nada imposible.

Talmud.

Nuestra mayor culpa se encuentra en preocuparnos de las culpas de los demás.

Gibran Jalil Gibran, *Dichos espirituales.*

Prima est haec ultio, quod se / iudice nemo nocens absolvitur.
El primer castigo es este, que ningún culpable encuentra indulgencia en comparación consigo mismo.

Decio Junio Juvenal, *Sátiras*, XIII, 2-3.

Ullum malum praeter culpam.
No hay ningún mal más allá de la culpa.

Marco Tulio Cicerón,
Ad familiares, VII, 4, 2.

Para escribir

El hombre puede soportar las desgracias que son accidentales y llegan de fuera, pero sufrir por las propias culpas, esa es la pesadilla de la vida.

Oscar Wilde, *Paradoja y genio: aforismos.*

El sentido de la culpa deriva de no usar la vida, de lo que no conseguimos hacer vivir en nosotros.

Becker.

Las culpas de las mujeres, de los adolescentes, de los siervos, de los débiles, de los pobres y de los ignorantes son culpas de los maridos, de los padres, de los jefes, de los fuertes, de los ricos y de los sabios.

Victor Hugo, *Los miserables.*

Los delitos están proporcionados con la pureza de la conciencia, y lo que para algunos corazones es tan sólo un error, para algunas almas cándidas asume las proporciones de un delito.

Honoré de Balzac, *La historia de los trece.*

41

CIENCIA

Debemos llamar Ciencia sólo al conjunto de las fórmulas que triunfan siempre. Todo el resto es literatura.

Paul Valéry, *Tel-quel.*

La característica del trabajo científico es escoger.

G. Pasquali, *Filologia e storia.*

La ciencia es un cementerio de ideas muertas, aunque de ellas puede salir la vida.

Unamuno, *Del sentimiento trágico de la vida.*

La ciencia es un círculo cerrado sobre sí mismo, un círculo de círculos.

Georg Wilhelm Friedrich Hegel, *Lógica.*

La ciencia no es más que sentido común amaestrado y organizado.

Thomas Huxley, *Ensayos.*

La ciencia no puede nunca atrapar lo irracional, por esa razón no tiene futuro ante sí en este mundo.

Oscar Wilde, *Paradoja y genio: aforismos.*

(La ciencia) para unos es la gran deidad celeste; para los demás, una buena vaca que les proporciona mantequilla.

Friedrich Schiller.

No se conoce a fondo una ciencia hasta que no se conoce su historia.

Auguste Comte, *Curso de filosofía positiva.*

Scientia et potentia humana in idem coincidunt.
La ciencia y el poder humano coinciden.

Francis Bacon, *De dignitate et augmentis scientiarum.*

Una ciencia, es decir (...), un conocimiento imaginario de la verdad absoluta.

León Tolstoi, *Guerra y paz.*

Para escribir

La ciencia está hecha de datos, como una casa de piedras. Pero un montón de datos no es ciencia más de lo que un montón de piedras es una casa.

Henri Poincaré, *La ciencia y la hipótesis.*

¿La ciencia ha prometido la felicidad? No lo creo. Ha prometido la verdad y la cuestión es saber si con la verdad se conseguirá algún día la felicidad.

Zola, discurso a los estudiantes parisinos, 18 de mayo de 1893.

La ciencia hace verdaderos progresos cuando una verdad nueva encuentra un ambiente preparado para acogerla.

Piotr Alekseevich Kropotkin, *Memorias de un revolucionario.*

CIVILIZACIÓN

Para hablar

La civilización empezó cuando por primera vez el hombre excavó la tierra y puso una semilla en ella.

Gibran Jalil Gibran, *Dichos espirituales.*

Lo contrario de un pueblo civilizado es un pueblo creador.

Albert Camus, *Bodas.*

Los delitos de la extrema civilización son realmente más atroces que los de la extrema barbarie.

Jules Amédée Barbey d'Aurevilly, *Las diabólicas.*

Para escribir

El precio del progreso de la civilización se paga con la reducción de la felicidad, debida a la intensificación del sentimiento de culpa.

Sigmund Freud, *El malestar en la cultura.*

La curiosidad intelectual desinteresada es la linfa y la sangre de la verdadera civilización.

George Macaulay, *Trevelyan.*

Muchas civilizaciones o épocas, quizás incluso todo el género humano, se han vuelto neuróticas bajo la presión de las tendencias civilizadoras.

Sigmund Freud, *El malestar en la cultura.*

Nuestra civilización es un templo de lo que sin control sería llamado locura, pero también es un lugar donde se lo mantiene bajo control.

Robert Musil, *El hombre sin atributos.*

Nuestra civilización se encuentra todavía en una fase media, todavía no es totalmente bestia porque ya no está guiada completamente por el instinto, pero no del todo humana porque todavía no está completamente guiada por la razón.

Theodore Dreiser, *Nuestra hermana Carrie.*

Una civilización no se hunde como un edificio; se diría mucho más exactamente que se vacía poco a poco de su sustancia hasta que sólo queda la corteza.

Georges Bernanos, *La France contre les Robots.*

La violencia contra la naturaleza es un ingrediente fuerte de nuestra civilización desde hace unos cien años.

Hugo von Hofmannsthal, *El libro de los amigos.*

COLOR-PINTURA

Para hablar

Al que aborrecen vivo aman pintado.
Salvador Rosa, Satire.

El color, sobre todo, quizá más que el dibujo, es una liberación.
Matisse, Les problèmes de la peinture.

La pintura es poesía silenciosa y la poesía es pintura que habla.
Simónides.

Las mentes más puras son las que aman más los colores.
John Ruskin, Las piedras de Venecia.

Ut pictura poesis.
La poesía es como la pintura.
Quinto Horacio Flaco, Arte poética, 361.

Para escribir

El color es un medio para ejercer sobre el alma una influencia directa. El color es la tecla, el ojo el martillo que lo golpea, el alma el instrumento de las mil cuerdas.
Kandinski, De lo espiritual en el arte.

Pintar no es una operación estética: es una forma de magia entendida para realizar una obra de mediación entre este mundo extraño y hostil y nosotros.
Picasso.

¡Qué tendrá la pintura que provoca admiración por la semejanza con las cosas de las que no se admiran para nada los originales!
Blaise Pascal, Pensamientos.

CONOCIMIENTO

Para hablar

Cada uno sabe cuanto hace.

Jerónimo Savonarola, *Sermones.*

El conocimiento es como el árbol de baobab: una única persona no puede abrazarlo.

Proverbio del Togo.

El inicio del conocimiento se encuentra en perdonar a los demás de ser distintos a nosotros.

Proverbio chino.

Es mucho más bonito saber algo de todo, que todo sobre una cosa.

Blaise Pascal, *Pensamientos.*

Fingir que se sabe cuando no se sabe es una enfermedad.

Lao Tzu, *Tao Te Ching.*

La forma más correcta de esconder a los demás los límites del propio saber es no traspasarlos.

Giacomo Leopardi, *Pensamientos,* LXXXVI.

La peste de l'homme c'est l'opinion de savoir.
La peste del hombre es pensar que sabe.

Michel de Montaigne, *Ensayos.*

Nec scire fas est omnia.
No es lícito saberlo todo.

Quinto Horacio Flaco, *Odas,* IV, 4, 22.

No es difícil saber, sino saber hacer uso de lo que se sabe.

Han Fei, *Han Fei Tzu.*

Que sais-je?
¿Qué sé?

Michel de Montaigne, *Ensayos.*

Para escribir

Cuando los hombres pierden una gallina o un perro, saben cómo buscarlos; pero pierden la mente y no saben buscarla. La gran finalidad del conocimiento no es más que la búsqueda de la mente perdida.

Mencio.

La abundancia del conocimiento no sacia ni satisface al alma, sino sentir y disfrutar de las cosas internamente.

San Ignacio de Loyola, *Ejercicios espirituales.*

No se debe juzgar a los hombres sobre lo que ignoran, sino sobre lo que saben y de la forma en cómo lo saben.

Vauvenargues, *Reflexiones y máximas.*

CONSCIENCIA

Para hablar

La consciencia es la intérprete perfecta de la vida.

Karl Barth,
La palabra de Dios y la palabra del hombre.

La consciencia es la presencia de Dios en el hombre.

Swedenborg, *Arcana coelesta.*

Y no quieres entender que tu consciencia significa precisamente «los demás dentro de ti».

Luigi Pirandello, *Cada cual a su manera.*

Para escribir

La consciencia es la sustancia más elástica del mundo. Aunque un día no sea posible estirarla tanto que llegue a cubrir uno de esos montones de tierra que hacen los topos, al día siguiente es capaz de cubrir una montaña.

Edward Bulwer-Lytton, *Ernest Maltravers.*

La consciencia, querido mío, es uno de esos bastones que cada uno empuña para golpear a su vecino y que no utiliza nunca consigo mismo.

Honoré de Balzac, *Las ilusiones perdidas.*

CORAJE

Para hablar

El coraje no debe dar derechos para abusar del más débil.
> Ugo Foscolo, *Epistolario.*

El coraje nunca pasa de moda.
> W. M. Thackeray, *Los cuatro Georges.*

El coraje, que es el sexto sentido, nos hace descubrir el camino más corto para alcanzar el triunfo.
> Gibran Jalil Gibran, *Dichos espirituales.*

Es fácil ser valiente con una distancia de seguridad.
> Esopo.

Hasta el día de la muerte, ninguno puede estar seguro del propio coraje.
> Jean Anouilh, *Becket y su rey.*

Muchas veces se conoce a los valientes más en las cosas pequeñas que en las cosas grandes.
> Baldassare Castiglione, *El cortesano.*

No es realmente valiente el que teme sembrar o ser, cuando le conviene, un cobarde.
> Edgar Allan Poe, *Marginalia.*

Para escribir

El coraje más difícil y el que es especialmente necesario para los débiles es el coraje de sufrir.
> Niccolò Tommaseo.

¡Hombres del Sur! Es mejor morir de pie que vivir de rodillas.
> Emiliano Zapata.

La valentía es algo que se organiza, que vive o que muere, que es necesario mantener en orden como los fusiles. El coraje individual no es nada más que una buena materia prima para el coraje de las tropas.
> André Malraux, *La esperanza.*

Mira, no existe el coraje y no existe el miedo... Existen sólo consciencia e inconsciencia... La consciencia es miedo y la inconsciencia es coraje.
> Alberto Moravia, «L'incosciente», de *Racconti romani.*

Seguramente los más valientes son los que tienen la visión más clara de lo que les espera, tanto de la alegría como del peligro, y sin embargo se enfrentan a ella.
> Tucídides, *Historia de la guerra del Peloponeso.*

Un consejo que una vez oí dar a un joven: «Haz siempre aquello que temes hacer».
> Ralph W. Emerson, *Ensayos escogidos.*

COSTUMBRE

Para hablar

Adquirir una costumbre es empezar a dejar de ser.
Unamuno, *Del sentimiento trágico de la vida.*

En la costumbre y no en la novedad encontramos los mayores placeres.
Raymond Radiguet, *El diablo en el cuerpo.*

La constancia de una costumbre es normalmente proporcional a su absurdidad.
Marcel Proust, *La prisionera.*

La costumbre es hija de la pereza y madre de la constancia.
Mariano José de Larra.

La costumbre es el mejor maestro de todas las cosas.
Cayo Plinio Segundo (el Viejo), *Historia natural.*

La costumbre es el sucedáneo de la felicidad.
Puskin, *Eugenio Onegin.*

La costumbre es medio dueña del mundo. «Mi padre lo hacía de esta forma», es una de las grandes fuerzas que guían el mundo.
Massimo d'Azeglio, *Mis recuerdos.*

La costumbre es una máxima viva que se ha convertido en instinto y carne.
Henri Frederic Amiel, *Fragmentos de un diario íntimo.*

La costumbre es una segunda naturaleza que destruye a la primera.
Blaise Pascal, *Pensamientos.*

L'habitude, qui fait de la vie un proverbe.
La costumbre, que convierte la vida en un proverbio.
Alfred de Musset, *Premières poésies.*

La única costumbre que se debe dejar que adquiera un niño es la de no adquirir ninguna.
Jean-Jacques Rousseau, *Emilio o de la educación.*

Las cualidades del alma no se pueden adquirir con la costumbre; sólo se pueden perfeccionar.
Blaise Pascal, *Pensamientos.*

Las malas costumbres son como un diente cariado. Se deben eliminar.
Baden-Powell.

Las tonterías y las malas costumbres son la corrupción de nuestra vida.
Ugo Foscolo, *Epistolario.*

Sweets grown common lose their dear delight.
Las cosas más tiernas, cuando pasan a ser ordinarias, pierden su agradable belleza.

William Shakespeare, Soneto CII.

Para escribir

La costumbre es la costumbre y no es posible echarla por la ventana; es necesario hacer que descienda por la escalera, utilizando las dotes de persuasión, peldaño a peldaño.

Mark Twain, *Wilson el Chiflado.*

La costumbre, ese monstruo que consume y destruye todos los sentimientos, todas las inclinaciones, es un ángel en esto, puesto que otorga insensiblemente a los actos buenos y virtuosos una facilidad, una apariencia natural que los hace parecer innatos en el hombre (…). La costumbre puede borrar el surco de la naturaleza, vencer las artes del infierno y limar un corazón con su insensible y maravillosa potencia.

William Shakespeare, *Hamlet*, acto III, escena IV (Hamlet a su madre).

Nadie se atreve a decir adiós a una costumbre. Muchos suicidas se han detenido en el umbral de la muerte por el recuerdo del café donde cada noche van a jugar su partida de dominó.

Honoré de Balzac, *El primo Pons.*

Veía de pronto una nueva cara de la Costumbre. Hasta ese momento la había considerado sobre todo como un poder destructivo que suprime la originalidad e incluso la conciencia de las percepciones; a partir de entonces la vi como una divinidad terrible, tan arraigada en nosotros, con su insignificante cara tan clavada en nuestro corazón que si se separa de nosotros, si nos da la espalda, esta divinidad que casi no distinguíamos, nos inflige sufrimientos más terribles que cualquier otra y entonces se vuelve cruel como la muerte.

Marcel Proust, *Albertine desaparecida.*

Vivimos normalmente con nuestro ser reducido al mínimo; la mayor parte de nuestras facultades permanece dormida, descansando en la costumbre, que sabe lo que se debe hacer y no las necesita.

Marcel Proust,
A la sombra de las muchachas en flor.

CREER

Para hablar

Credo quia absurdum.
Creo porque es absurdo.
Quinto Septimio Florente Tertuliano.

Fere libenter homines id quod volunt credunt.
Los hombres tienden a creer lo que desean que sea verdad.
Cayo Julio César,
Sobre la guerra de las Galias.

Io credea e credo, e creder credo il vero.
Yo creía y creo, y creo creer la verdad.
Ludovico Ariosto,
Orlando furioso, IX, octava 23.

Los hombres tienden a creer sobre todo lo que menos entienden.
Michel de Montaigne, *Ensayos.*

No debemos creer nunca ni en los espejos ni en los periódicos.
John Osborne, *The hotel in Amsterdam.*

Se corre el mismo riesgo si se cree demasiado que si se cree demasiado poco.
Denis Diderot, *Etrennes des esprits forts.*

Para escribir

Los más crédulos son los incrédulos. Creen en los milagros de Vespasiano para no creer en los de Moisés.
Blaise Pascal, *Pensamientos.*

No entiendo bien por qué los hombres que creen en los electrones se consideran menos crédulos que los hombres que creen en los ángeles.
George Bernard Shaw, *Santa Juana.*

Si actualmente los pueblos civiles ya no creen que el sol, cada noche, se sumerge en el océano, tienen otras creencias que no se acercan a la realidad más que esta.
Vilfredo Pareto,
La transformación de la democracia.

CRÍTICA

Para hablar

Actualmente, la crítica es el arte que más necesitamos.
William Gaddis, *La sabiduría (Wyatt Gwyon).*

Dat veniam corvis, vexat censura columbas.
La crítica es clemente con los cuervos y se ensaña con las palomas.
Decio Junio Juvenal, *Sátiras*, II, 63.

El crítico debe escribir y no prescribir.
Eugène Ionesco, *Improvisaciones.*

La censura que se ejerce sobre las obras ajenas no obliga a hacer otras mejores.
Fontenelle,
Discurso sobre la naturaleza de la égloga.

La crítica es más fácil que el arte.
Zeuxis, atribuido a Plinio el Viejo,
Historia natural.

La crítica es un fusil muy bonito; tiene que disparar en contadas excepciones.
Benedetto Croce.

La crítica es un impuesto que la envidia percibe en el mérito.
Duque de Lévis,
Máximas, preceptos y reflexiones.

La crítica es una escoba que no se puede utilizar sobre las alfombras finas en las que arrancaría todo.
Honoré de Balzac, *Las ilsuiones perdidas.*

La crítica tiene que realizarse a tiempo; es necesario deshacerse de la mala costumbre de criticar después.
Mao Tse Tung.

¿Los asnos no escriben crítica?
Heinrich Heine, *Atta Troll.*

Nor in the critic let the man be lost.
El crítico no debe olvidarse de que es hombre.
Pope, *Ensayo sobre la crítica.*

Todos, por naturaleza, tendemos más a criticar los errores que a loar las cosas bien hechas.
Baldassare Castiglione, *El cortesano.*

Para escribir

Criticar es valorar, adueñarse, tomar posesión intelectual; en definitiva, establecer una relación con la cosa criticada y apropiarse de ella.
Henry James, *Prólogos.*

51

Es posible criticar a un carpintero que nos ha hecho mal una mesa aunque no sepamos hacer mesas. Hacer mesas no es nuestro oficio.

Samuel Johnson, de Boswell, *Vida del doctor Samuel Johnson.*

Je ne fais pas grand cas, pour moi, de la critique. / Toute mouche qu'elle est, c'est rare qu'elle pique.
Por mi parte, no hago mucho caso de la crítica. / Es una mosca, de acuerdo, pero es raro que pique.

Alfred de Musset, *La copa y los labios,* dedicada a Alfred Tattet.

Los insectos pican no por mala fe, sino porque ellos también quieren vivir; lo mismo sucede a los críticos, desean nuestra sangre y no nuestro dolor.

Friedrich Nietzsche, *El caminante y su sombra.*

Mejor ser atacado que pasar inadvertido, porque lo peor que se le puede hacer a un escritor es no hablar de sus obras.

Samuel Johnson, de Boswell, *Vida del doctor Samuel Johnson.*

Muy a menudo la crítica no es una ciencia, se trata de un oficio para el que es necesario tener más salud que espíritu, más trabajo que capacidad, más costumbre que genio.

Jean de La Bruyère, *Los caracteres.*

Normalmente, los críticos son personas que si hubieran podido hubieran sido poetas, historiadores, biógrafos, etc.; han puesto a prueba en una u otra cosa su talento pero no han tenido éxito y por ello se han dedicado a la crítica.

Coleridge, *Lezioni su Shakespeare e Milton.*

Se dice a veces que los críticos no leen de principio a fin los libros de los que tienen que hablar. No, no lo hacen. O por lo menos no están obligados a hacerlo. Para reconocer la especie y la calidad de un vino no es necesario beber todo el tonel.

Oscar Wilde, *El crítico como artista.*

On fait de la critique quand on ne peut pas faire de l'art, de même qu'on se met mouchard quand on ne peut pas être soldat.
Se hace crítica cuando no es posible hacer arte, de la misma forma que uno se convierte en espía cuando no puede convertirse en soldado.

Gustave Flaubert, carta a Louise Colet, 22 de octubre de 1846.

CULTURA

Para hablar

La cultura es la pasión por la dulzura y la luz y (lo que más cuenta) la pasión de hacerlas prevaler.

Matthew Arnold, *Literatura y dogma.*

La principal labor de la cultura, su verdadera razón de ser, es defenderse contra la naturaleza.

Sigmund Freud, *El porvenir de una ilusión.*

La verdadera cultura vive de simpatías y admiraciones, no de antipatías y desprecio.

William James, *Memorias y estudios.*

Los hombres cultos son superiores a los incultos en la misma medida en la que los vivos son superiores a los muertos.

Aristóteles; de Diógenes Laercio, *Vidas de filósofos.*

Sólo el hombre culto es libre.

Epícteto, *Disertaciones.*

Un hombre sabio no tiene una gran cultura; / el que tiene una gran cultura no es un sabio.

Lao Tzu, *Tao Te Ching.*

Para escribir

La cultura es la búsqueda de la perfección total a través del conocimiento de todo lo mejor que se ha dicho y pensado en el mundo sobre todos los temas que más nos interesan.

Matthew Arnold, *Cultura y anarquía.*

(La cultura) es la fuerza humana que descubre en el mundo las exigencias de un cambio y lo comunica al mundo.

Elio Vittorini, *Diario in pubblico.*

La cultura (...) es organización, disciplina del propio yo interior; es una toma de posesión de la propia personalidad y una conquista de consciencia superior, mediante la que se consigue comprender el propio valor histórico, la propia función en la vida, los propios derechos y los propios deberes.

Antonio Gramsci, y «Socialismo y cultura», en *Il grido del popolo,* 29 de enero de 1916.

DEMOCRACIA

Para hablar

Democracia es el nombre que damos al pueblo cada vez que tenemos necesidad de él.

> G. A. de Caillavet e Robert de Flers,
> *El traje verde.*

Democracia y socialismo son medios para un fin, no fines en sí mismos.

> Jawaharlal Nehru, *Credo.*

El peor de los estados es el estado popular.

> Thomas Corneille, *Cinna.*

La democracia supera al despotismo.

> Platón, *La república.*

Los ciegos conducen a los ciegos. Es el sistema democrático.

> Henry Miller,
> *La habitación con aire acondicionado.*

Toute démocratie est un désert de sables.
Toda democracia es un desierto de arena.

> Alfred de Vigny,
> «Los oráculos», de El destino.

Para escribir

Democracia significa gobierno basado en la discusión, pero que funciona sólo si consigue lograr que la gente deje de discutir.

> Clement Attlee, *Anatomía de Gran Bretaña.*

La democracia divide a los hombres en trabajadores y holgazanes. Los que no tienen tiempo de trabajar no la aprecian.

> Karl Kraus,
> *Contra los periodistas y otros contras.*

La democracia (...) es una forma de gobierno muy agradable, llena de variedades y de desorden, y dispensa una especie de igualdad tanto a los iguales como a los desiguales.

> Platón, *La república.*

La historia de la democracia nos ofrece una curiosísima combinación de utopía y de mitos.

> Georges Sorel, *Reflexiones sobre la violencia.*

Se ha dicho que la democracia es la peor forma de gobierno, a excepción de todas esas otras formas que se han experimentado hasta ahora.

> Churchill, discurso en la Cámara
> de los Comunes, noviembre de 1947.

DESEAR

Para hablar

A quien nada desea le supera lo poco.
Salvator Rosa, Sátira III.

Chacun au bien aspire, / Chacun le bien désire, / et le désire sien.
Todos aspiramos al bien, / todos deseamos el bien, / y deseamos que sea nuestro.
Agrippa d'Aubigné, Pièces épigrammatiques.

¿Cuál es la liana de la existencia? El deseo.
Dhammapada.

Coloca en un bargueño un deseo, ábrelo y te encontrarás con un desengaño.
Luigi Pirandello, «La vita nuda»,
de Novelle per un anno.

Los que reprimen el deseo lo hacen porque su deseo es bastante débil como para poder ser reprimido.
William Blake,
Las bodas del cielo y del infierno.

No deseando nada, se posee todo.
Ippolito Nievo.

No se desea nunca ardientemente lo que se desea sólo por razón.
François de La Rochefoucauld, Máximas.

Pia desideria.
Píos deseos.
Hermann Hugo, título de un escrito suyo.

Quien desea está poseído: se ha vendido al que ama.
Iacopone da Todi, Laudi, LX, 12.

Para escribir

Cuanto más propincuo es el hombre a uno de sus deseos más lo desea y, al no tenerlo, siente mayor dolor.
Maquiavelo, Clizia, acto I, escena II.

En la naturaleza del deseo se encuentra la imposibilidad de satisfacerlo y la mayor parte de los hombres vive sólo para satisfacerlo.
Aristóteles, Política.

La naturaleza ha creado a los hombres de manera que pueden desearlo todo pero no pueden conseguirlo todo, de tal manera que, al ser siempre mayor el deseo que la potencia de adquirir, el resultado es la insatisfacción de lo que se posee y la poca satisfacción que da.
Maquiavelo, Discurso sobre la primera década
de Tito Livio, XXXVII.

Lo que el hombre desea es una mujer; lo que desea una mujer es raramente algo distinto del deseo del hombre.

Coleridge, *Table talk.*

No desearíamos nada con ardor si conociéramos perfectamente lo que deseamos.

François de La Rochefoucauld, *Máximas.*

Nos equivocamos cuando decimos que un tal deseo ha sido satisfecho. No se satisfacen los deseos cuando se consigue el objeto sino que se apagan, es decir, se pierden y se abandonan por la certeza adquirida de no poderlos satisfacer nunca.

Giacomo Leopardi,
Zibaldone.

Por cada deseo debemos plantearnos la siguiente pregunta: ¿qué sucederá si el deseo se cumple y qué ocurrirá si no se cumple?

Epicuro, del *Gnomologio Vaticano*.

Se encontraba en ese estado de estupor y de inquieta turbación en la que cae el alma que acaba de obtener lo que deseaba desde hace tiempo. Está acostumbrada a desear, no encuentra nada que desee y sin embargo todavía no tiene recuerdos.

Stendhal, *Rojo y negro*.

Te lo digo de verdad Natanaele, cada uno de mis deseos me ha enriquecido más que la posesión siempre falsa del propio objeto de mi deseo.

André Gide, *Los alimentos terrenales*.

DESTINO

Che giova ne le fata dar di cozzo?
¿Cocear contra el hado en algo ayuda?
Dante Alighieri, *Infierno*, IX, 97.

Così nel mondo / sua ventura ha ciascun dal dì che nasce.
Así en el mundo cada cual tiene su destino ya escrito desde el nacimiento.
Francesco Petrarca, soneto «Amor che meco al buon tempo ti stavi».

Ducunt volentem fata, nolentem trahunt.
El destino guía a quien lo sigue por propia voluntad, al que se revela lo arrastra.
Lucio Anneo Séneca, *Cartas a Lucilio*.

Faber est suae quisque fortunae.
Cada uno es el artífice de su propio destino.
Appio Claudio, atribuido a Salustio, *De republica ordinanda*, I, 1.

Men at some time ar masters of their fates.
Los hombres, en algunos momentos, son los amos de su destino.
William Shakespeare, *Julio César*, acto I, escena II.

No existen presagios. El destino no nos manda mensajeros. Es demasiado sabio o demasiado cruel para hacerlo.
Oscar Wilde, *Paradoja y genio: aforismos*.

Pero no podría en los hombres el destino, / si del futuro cada uno fuera adivino.
Ludovico Ariosto, *Orlando furioso*, XVIII, octava 177.

Sic erat in fatis.
Así estaba escrito.
Publio Ovidio Nasón, *Fastos*, I, 481.

Stat sua cuique dies.
Todos tenemos destinado nuestro día.
Publio Virgilio Marón, *Eneida*, X, 457.

Tan rápida / huye la vida que cualquier suerte es buena / por muy breve que sea el día.
Vincenzo Cardarelli, *Illusa gioventù*.

Un hombre coherente cree en el destino, un hombre caprichoso en la casualidad.
Benjamin Disraeli, conde de Beaconsfield, *Vivian Grey*.

Para escribir

En todas las existencias existe una fecha en la que el destino se bifurca, o hacia una catástrofe o hacia el éxito.

François de La Rochefoucauld, Marie Leczinska.

Firmeza frente al destino y gracia en el sufrimiento no quiere decir sencillamente sufrir, se trata de una acción activa, un triunfo positivo.

Thomas Mann, La muerte en Venecia.

La fuerza que se opone al destino es en realidad una debilidad. La dedicación y la aceptación son mucho más fuertes.

Franz Kafka, Conversaciones con Gustav Janouch.

Nuestro destino ejerce su influencia sobre nosotros incluso cuando todavía no hemos aprendido su naturaleza; nuestro futuro dicta las leyes de nuestra actualidad.

Friedrich Nietzsche, Humano, demasiado humano.

Nunca es a tiempo, nunca en lugares prefijados y en tiempos asignados que el destino cambia los caballos.

Mario Soldati, «La nave dove tutti diventano attori», en Il Giorno, 18 de febrero de 1971.

Tejemos nosotros mismos nuestro destino, bueno o malo, y el trabajo hecho ya no se puede deshacer (...). Nada de lo que hacemos —y se tiene que entender en sentido rigurosa y científicamente literal— se borra en ningún caso.

William James, Principios de psicología.

Tenemos que mantenernos siempre en guardia de este sentido tan fuerte del destino. La ciencia moderna ignora cualquier inmanencia. El destino se escribe en el momento en el que se cumple y no antes.

Jacques Monod, El azar y la necesidad.

Todo nuestro destino está ya grabado en nuestros huesos, antes incluso de alcanzar la edad de la razón. Yo estoy convencido de ello, pero a veces pienso que es siempre posible cometer errores que nos obligarán a traicionar este destino.

Cesare Pavese, «La Langa», de Racconti.

DIABLO

Para hablar

A veces / el Diablo se comporta como un caballero.

Percy Bysshe Shelley, *Peter Bell Terzo*.

Como veis, el diablo es el amigo que no se queda nunca hasta el final.

Georges Bernanos, *Monsieur Quine*.

El demonio tiene miedo de la gente alegre.

San Juan Bosco.

El diablo puede gastar bromas pesadas al genio, pero descuida a los imbéciles.

Leonardo Sinisgalli, *L'età della luna*.

Ich bin der Geist, der stets vernient!
¡Soy el espíritu que siempre niega!

Johann Wolfang von Goethe,
Fausto, I, 1.338.

Ningún ateo, por lo que sé, ha impugnado válidamente la existencia del diablo.

Heinrich von Kleist, *El cántaro roto*.

Tenemos que recordar también que Satanás tiene sus milagros.

Italo Calvino,
Institución de la religión cristiana.

Tener recuerdos del diablo es una de las mejores formas de dudar de Dios.

Gibran Jalil Gibran, *Dichos espirituales*.

¡Salud, oh Satanás, / oh rebelión, / oh fuerza ganadora / de la razón!

Giosué Carducci, *Himno a Satán*.

Para escribir

Allí donde Dios erige una iglesia, / el demonio siempre levanta una capilla; / y si vas a ver, encontrarás / que en la segunda hay más fieles.

Daniel Defoe, *El verdadero inglés*.

El demonio no puede hacer nada sobre la voluntad, poquísimo sobre la inteligencia y todo sobre la fantasía.

Joris-Karl Huysmans, *El oblato*.

En la rebelión contra Dios probablemente había ganado el diablo y (...) el diablo estaba sentado en el trono celeste, aunque para engañar a los incautos no revelaba su verdadera identidad.

Gabriel García Márquez,
Cien años de soledad.

Pienso que si el diablo no existe pero lo ha creado el hombre, lo ha creado a su imagen y semejanza.

Fiodor Mijailovich Dostoievski,
Los hermanos Karamazof.

DINERO

Para hablar

A menue gent, menue monnaie.
A la clase humilde, calderilla.
François Villon, *Le testament.*

Faulte d'argent, c'est douleur non pareille.
A falta de dinero, dolores sin igual.
François Rabelais, *Pantagruel.*

El dinero en sí mismo es un mal.
León Tolstoi, *El dinero.*

El dinero es una pura abstracción.
Soren Kierkegaard, *Diario de un seductor.*

El dinero es una especie de sexto sentido sin el cual no se puede hacer un uso completo de los otros cinco.
W. S. Maugham, *Cautiva de amor.*

El dinero no es la idea, pero compra a los amos de la idea.
Emilio De Marchi, *Giacomo l'idealista.*

El dinero hace al hombre.
Aristodemo,
citado por Alceo en un fragmento.

El dinero no sería malo si todos tuvieran dinero.
Proverbio holandés.

La bolsa pesante hace que el corazón se sienta ligero.
Ben Johnson, *La nuova locanda.*

Non olet.
El dinero no huele.
Atribuido por Suetonio a Dión Casio.

Nothing comes amiss, so money comes withal.
Nada puede ir mal si viene junto al dinero.
William Shakespeare,
La fierecilla domada, acto I, escena II.

¿Que el dinero no da la felicidad? Entonces, ¿qué es lo que da la felicidad?
Pierre Benoit, *Koenigsmark.*

Quisquis habet nummos, secura navigat aura.
El que tiene dinero navega con viento seguro.
Cayo Petronio Árbitro, *El satiricón.*

Para escribir

El amor para el dinero como posesión (a distinguir del amor por el dinero como medio para obtener las alegrías y experimentar la realidad de la vida) será reconocido por lo que es: un hecho morboso ligeramente repugnante, una de esas propensiones medio criminales, medio patológicas de las que se confía la curación (...) a los especialistas de enfermedades mentales.

John M. Keynes, *Perspectivas económicas para nuestros herederos.*

El dinero, del que se dice tanto mal, tiene por lo menos una función benéfica, la de distraer de las miserias del corazón.

Henri Duvernois,
Journal d'un pauvre homme.

El dinero en grandes cantidades contiene un alto porcentaje de elementos autodetergentes y es siempre cándido como una flor de lis.

Duque de Bedford, *El libro de los esnob.*

El dinero no representa nada más que una nueva forma de esclavitud impersonal, en lugar de la antigua esclavitud personal.

León Tolstoi, *El dinero.*

En la vida es necesario escoger entre ganar dinero y gastarlo; no se tiene tiempo para hacer las dos cosas.

Edouard Bourdet, *Les temps difficiles.*

He escogido al hombre simpático en lugar de al rico; prefiero un hombre sin dinero al dinero sin un hombre.

Plutarco, *Vidas paralelas.*

Oh dinero, dinero, dinero, yo no soy precisamente uno de esos que te consideran todavía sagrado, pero a menudo me sorprendo pensando cómo consigues irte tan deprisa cuando tardas tanto en venir.

Ogden Nash,
Hymn to the thing that makes the wolf go.

Podéis renunciar ahora mismo a vuestra salud eterna si os apetece condenaros, pero reflexionad bien cuando se trata de renunciar a vuestras rentas.

Honoré de Balzac, *La historia de los Trece.*

Se ha dicho que el amor para el dinero es la raíz de todos los males. Lo mismo se puede decir de la falta de dinero.

Samuel Butler, *Erewhon.*

DIOS

Para hablar

A Dios, porque es grande, le gusta dar cosas grandes. Pero desgraciadamente, tenemos corazones pequeños para recibirlas.

Angelus Silesius.

Creo en la incomprensibilidad de Dios.

Honoré de Balzac,
Carta a Madame Hanska.

Deos fortioribus adesse.
Los dioses están de parte de los más fuertes.

Tácito, *Historias*, IV, 17.
Píndaro, *Fragmentos.*

Dieu, c'est le mal.
Dios es el mal.

Pierre-Joseph Proudhon,
Sistema de las contradicciones económicas.

Dios actúa siempre según los caminos más sencillos.
Malebranche, *Sobre la búsqueda de la verdad.*

Dios es demasiado perfecto para poder pensar en otra cosa que no sea él mismo.

Aristóteles, *Ética Eudemia.*

Dios escucha al corazón, no a la voz; de la misma forma que ve el corazón y no el exterior.

Quinto Septimio Florente Tertuliano.

Dios es el invisible evidente.

Victor Hugo, *Shakespeare.*

Dios es el único ser que, para existir, no tiene necesidad de existir.

Charles Baudelaire, *Escritos íntimos.*

Dios no impondrá al alma más de lo que puede soportar.

Corán.

Dios está en todo, incluso en la prueba, en la prueba sobre todo.

Elie Weisel.

¿Qué es Dios? Dios es todo.
Dios es el dolor que nace del miedo de la muerte.

Fiodor Mijailovich Dostoievski, *Los demonios.*

Dios cuando ama, llama. Cuando da, pide.

L. Sartori.

Dios se apoya en ti para ayudarte.

Proverbio del Burundi.

62

Dios quiere todo, pero Dios es precisamente mi todo.

> G. Soldarini.

Es mejor no tener ninguna opinión de Dios en lugar de tener una indigna de él.

> Francis Bacon, *Ensayos*.

El Divino Inerte.

> Herman Melville, *Moby Dick*.

El Reino de Dios es cuando nos queremos.

> Ignazio Silone.

En el fondo, Dios no es más que un padre potenciado.

> Sigmund Freud, *Tótem y tabú*.

Iuppiter est, quodcumque vides, quocumque moveris.
Dios es todo lo que ves, vayas donde vayas.

> Marco Anneo Lucano, *Farsalia*, IX, 580.

La sociedad respetable creía en Dios para evitar tener que hablar de ella.

> Jean-Paul Sartre, *Las palabras*.

¡Oh Dios, cuán pequeño serías si la mente pudiera comprenderte!

> San Francisco de Sales.

Cuando Dios se calla, se le puede hacer decir lo que se quiera.

> Jean-Paul Sartre, *El diablo y el buen Dios*.

Quem enim diligit Dominus, castigat.
Dios corrige al que ama.

> San Pablo, *Carta a los Hebreos*, 12, 6.

Si Dios existe (...) tenemos que reconocerlo en la naturaleza inmóvil e independiente.

> Aristóteles, *Metafísica*.

Si Dios te molesta, díselo igualmente.

> Fénélon.

Si fuera Dios, tendría piedad del corazón de los hombres.

> Maurice Maeterlinck, *Pelléas et Mélisande*.

Si quieres estar más cerca de Dios, debes estar más cerca de la gente.

> Gibran Jalil Gibran, *Dichos espirituales*.

Si Dieu n'existait pas, il faudrait l'inventer.
Si Dios no existiera, habría que inventarlo.

> Voltaire, *Cartas*, XCI.

Sólo el que ama conoce a Dios, porque Dios es amor.

> San Juan.

Un Dios honesto es la obra más noble del hombre.

> Samuel Butler, *Cuadernos*.

Para escribir

Dios es el deseo del corazón humano transformado en tiempo presente, es decir, beata certeza, es la desaprensiva omnipotencia del sentimiento, la plegaria que se satisface, el sentimiento que se escucha a sí mismo.

Anselm von Feuerbach,
La esencia del cristianismo.

Dios no comete injusticias contra los hombres, son los hombres los que cometen injusticias hacia sí mismos.

Corán.

Dios no obliga a nadie a hacer más de lo que puede, según las capacidades que Él mismo les ha dado.

Corán.

Dios es día-noche, verano-invierno, guerra-paz, abundancia-hambre: cambia como el fuego, que cuando se mezcla con perfumes toma el nombre del gusto de cada uno de ellos.

Heráclito, fragmento, de Eudemo, *Ética.*

Dios no ha realizado nunca milagros para persuadir a los ateos, siendo sus propias obras una demostración evidente y continua de su existencia.

Francis Bacon, *Novum organum.*

La certeza de un Dios que confiera un significado a la vida supera en mucho,

en encanto, al poder de hacer el mal de forma impune.

Albert Camus, *El mito de Sísifo.*

La infinidad de la esencia divina nos tiene que asustar para que no intentemos medirla.

Italo Calvino,
Institución de la religión cristiana.

Lo extraño, lo sorprendente, no es tanto que Dios exista realmente, lo sorprendente es que un pensamiento de este tipo —el pensamiento de la necesidad de Dios— haya podido nacer en el cerebro de un salvaje, de un animal malvado como el hombre.

Fiodor Mijailovich Dostoievski,
Los hermanos Karamazof.

No creo que Dios haya querido nunca revelar al hombre lo que el hombre podía descubrir de sí mismo.

Jules Lemaître.

Si Dios tuviera que castigar a los hombres según lo que se merecen, no dejaría sobre la faz de la tierra ni siquiera una bestia.

Corán.

Yo creo en la existencia de Dios a pesar de todas las tonterías que me han dicho para hacerme creer en ella.

Pitigrilli.

DOLOR

Para hablar

A veces es más difícil privarse de un dolor que de un placer.

Francis Scott Fitzgerald, *Suave es la noche.*

Allí donde hay dolor, el suelo es sagrado.

Oscar Wilde, *De profundis.*

Ávidamente estiro mi mano: / dame dolor alimento cotidiano.

Salvatore Quasimodo, «Avidamente allargo la mia mano», de *Y enseguida anochece.*

Cuando he plantado mi dolor en el campo de la paciencia, me ha dado el fruto de la felicidad.

Gibran Jalil Gibran, *Dichos espirituales.*

El dolor es el hilo con el que se teje la tela de la alegría. El optimista no conocerá nunca la alegría.

Henri de Lubac,
Paradojas y nuevas paradojas.

El recuerdo de la felicidad ya no es felicidad; el recuerdo del dolor es todavía dolor.

George Gordon Noel Byron.

J'aime la majesté des souffrances humaines.
Amo la majestuosidad del dolor humano.

Alfred de Vigny,
«La casa del pastor», de *Los destinos.*

En la vida, si uno quiere entender, entender realmente cómo están las cosas de este mundo, tiene que morirse por lo menos una vez.

Giorgio Bassani,
El jardín de los Finzi-Contini.

Infandum, regina, iubes renovare dolorem.
Oh reina, me invitas a renovar un dolor indescriptible.

Publio Virgilio Marón, *Eneida*, II, 3.

Los dolores más grandes son aquellos de los que nosotros mismos somos la causa.

Sófocles, *Edipo rey.*

La suma de los posibles dolores para cada alma es proporcional a su grado de perfección.

Henri Frédéric Amiel,
Fragmentos de un diario íntimo.

Los consuelos indiscretos aumentan los dolores.

Jean-Jacques Rousseau.

Nada nos hace tan grandes como un gran dolor.

Alfred de Musset, «La nuit de mai», de *Poésies nouvelles*.

«No hay mayor dolor / que recordar los tiempos felices / en la miseria».

Dante Alighieri, *Infierno*, V, 121-123 (Francesca da Rimini).

No nos consolamos de los dolores, nos distraemos de ellos.

Stendhal, *Armancia*.

No somos insensibles al grito de dolor que en tantas partes de Italia se alza hacia nosotros.

Víctor Manuel II, discurso de la Corona en la apertura del Parlamento subalpino, 10 de enero de 1859.

Παθήματα–μαθήματα. El dolor enseña.

Esopo, *El perro y el cocinero*.

Observar de cerca el propio dolor es una forma de consolarse.

Stendhal, *Diario*.

Quien busca la verdad del hombre tiene que hacerse amo de su dolor.

Georges Bernanos, *La alegría*.

Todo es enigmático, / menos nuestro dolor.

Giacomo Leopardi, «Último canto de Safo», de los *Cantos*.

Porque el dolor es más dolor en silencio.

Giovanni Pascoli, «Il prigioniero», de *Nuovi poemetti*.

Todos los dolores que no alejan son dolores perdidos.

Simone Weil, *La gravedad y la gracia*.

Un dolor puro y completo es imposible al igual que una alegría pura y perfecta.

León Tolstoi, *Guerra y paz*.

Para escribir

Cada dolor verdadero se escribe sobre losas con una sustancia misteriosa en comparación con la cual el granito es mantequilla. Y no es suficiente una eternidad para borrarlo.

Dino Buzzati, *I due autisti*.

Cuando pienso que la tortura feroz de este dolor ya no está tan vivo en mi interior, que cada tirón del alma se va cicatrizando, me invade un malestar amargo, un sentido desolado de la nada de cada cosa humana que no supera ni siquiera el dolor.

Giovanni Verga, *Passato!*

El dolor se ensaña precisamente allí donde se da cuenta de que no es soportado con firmeza (...). Puesto que el dolor gruñón tiene menos fuerza para morder al hombre que se burla de él y lo trata con desprecio.

William Shakespeare, *Ricardo II*, acto I, escena III.

El hombre es un aprendiz, el dolor su maestro, / y nadie se conoce a sí mismo hasta que no ha sufrido.

Alfred de Musset, «La nuit d'octobre», de *Poésies nouvelles*.

En este mundo en el que todo se estropea, donde todo caduca, hay una cosa que se destruye todavía más, que se destruye completamente, dejando todavía menos huellas que la belleza: es el Dolor.

Marcel Proust, *En busca del tiempo perdido*.

Esa tenue y casi alcanzable belleza del dolor humano que no aprendemos a entender y a describir tan pronto y que, según parece, sólo la música es capaz de reflejar.

Anton Pavlovich Chejov, *Los enemigos*.

Imaginarnos el bien nos hace sólo más sensibles al mal. El diente cruel del dolor no hace sufrir nunca tanto como cuando roe la herida pero no la desgarra.

William Shakespeare, *Ricardo II*, acto I, escena III.

La lección más importante que el hombre puede aprender en toda su vida no es que en el mundo exista dolor, sino que depende de nosotros obtener provecho, puesto que se nos permite transformarlo en alegría.

Rabindranath Tagore, *Sadhana*.

Los dolores superficiales y los amores superficiales duran. Los amores y los dolores profundos se ven destruidos por su propia intensidad.

Oscar Wilde, *Paradoja y genio: aforismos*.

Lungi da l'anima / nostra il dolore, veste cinerea. / È un misero schiavo colui / che al dolore fa sua veste.
Lejos del alma / muestra el dolor, vestidura cenicienta. / Miserable esclavo es quien / al dolor da vestidura.

Gabrielle D'Annunzio, «Canto dell'ospite», del *Canto nuovo*.

Por un dolor verdadero, auténtico, incluso los imbéciles se han convertido algunas veces en inteligentes (...). Esto es lo que sabe hacer el dolor.

Fiodor Mijailovich Dostoievski, *Los demonios*.

DUDA

Para hablar

Cuanto más se sabe más se duda.
Michel de Montaigne, *Ensayos.*

E io rimango in forse, / ché no e sì nel capo mi tenciona.
Yo me quedo dudando porque el no y el sí pugnan en mi mente.
Dante Alighieri, *Infierno*, VIII, 110-111.

Es mejor inquietarse en la duda que descansar en el error.
Alessandro Manzoni,
Storia della colonna infame.

La duda es un homenaje a la esperanza.
Samuel David Luzzato, *Igrot Shadal.*

La duda o la confianza que tienes en el prójimo están estrechamente relacionados con las dudas y la confianza que tienes en ti mismo.
Gibran Jalil Gibran, *Dichos espirituales.*

L'irresoluto mio dubbioso core.
Mi indeciso corazón dudoso.
Torquato Tasso,
Jerusalén liberada, V, octava 11.

Modice fidei, quare dubitasti?
Hombre de poca fe, ¿por qué has dudado?
Mateo, 14, 31.

Quien más sabe, más duda.
Enea Silvio Piccolomini,
Commentari della propia vita.

Sus dudas valen más que las certezas de la mayor parte de la gente.
Conde de Hardwicke, citado por James Boswell, *La vida del doctor Samuel Johnson.*

Para escribir

Dudar de todo o creer todo son dos soluciones igualmente cómodas que nos evitan, tanto una como la otra, tener que reflexionar.
Henri Poincaré, *La ciencia y la hipótesis.*

Existen dos razas de bobos, los que no dudan de nada y los que dudan de todo.
Príncipe de Ligne,
Mes écarts ou ma tête en liberté.

La credulidad es propia de los ignorantes, la incredulidad obstinada de

69

los medio sabios y la duda metódica de los eruditos.

Jean-François Marmontel,
Encyclopédie, entrada «Crítica».

La duda parcial y accidental limita la ciencia: la duda universal y necesaria la niega.

Alessandro Manzoni, *Osservazioni sulla morale cattolica*, apéndice.

La primera regla ha sido la de no aceptar una cosa como verdadera hasta que no la reconociera como tal sin ni siquiera una sombra de duda.

Descartes, *Discurso del método*.

La virtud de la duda y la suspensión del juicio, la capacidad de dar la razón al adversario es la mejor preparación para la intransigencia y la intolerancia activa.

Piero Gobetti, *La rivoluzione liberale*.

Nuestras dudas son traidores que nos hacen perder a menudo esos bienes que podríamos obtener, pero que no tenemos el coraje de tentar.

William Shakespeare, *Medida por medida*,
acto I, escena IV (Lucio).

Si un hombre parte de certezas, acabará teniendo dudas; pero si se conforma con empezar con dudas, acabará con certezas.

Francis Bacon, *El avance del saber*.

Veramente più volte appaion cose / che dànno a dubitar falsa matera / per le vere ragion che son nascose.
Realmente aparecen muchas veces cosas que hacen dudar de la falsedad de la materia por las diversas razones que se esconden en ella.

Dante Alighieri, *Purgatorio*, XXII, 28-30.

ECONOMÍA

Para hablar

Los hombres no entienden que la economía es una gran renta.

Marco Tulio Cicerón.

La economía política es el código del desgaste.

Auguste Blanqui, *Crítica social.*

No conozco excepción a la regla que dice que comprar la leche es más barato que tener una vaca.

Samuel Butler, *El camino de la carne.*

Una economía justa no olvida nunca que no siempre se puede ahorrar; aquel que siempre quiere ahorrar está perdido.

Theodor Fontane, *Da venti a trenta.*

Para escribir

La economía política, esta ciencia de la riqueza, es por lo tanto al mismo tiempo la ciencia de la renuncia, de las penurias, del ahorro, y llega a hacer ahorrar al hombre incluso la necesidad de aire puro o de movimiento físico. Esta ciencia de la admirable industria es al mismo tiempo ciencia de ascesis, y su verdadero ideal es el tacaño ascético pero usurero y el esclavo ascético pero productivo (...). La economía es por ello (...) una ciencia realmente moral; la ciencia más moral.

Karl Marx,
Manuscritos económicos-filosóficos de 1844.

Pero no sólo tienes que ahorrar tus sentidos inmediatos de comer, etc., tienes que ahorrar también la participación en intereses generales, la piedad, la confianza, etc., (...) si quieres ser un hombre económico.

Karl Marx,
Manuscritos económicos-filosóficos de 1844.

EDUCACIÓN

Para hablar

Gato con guantes no caza ratones.
Benjamin Franklin,
La ciencia del tío Ricardo.

La buena educación consiste en esconder lo bueno que pensamos sobre nosotros mismos y lo malo que pensamos de los demás.
Mark Twain, *Cuadernos.*

La educación de un pueblo se juzga a partir del comportamiento que muestra por la calle.
Edmundo De Amicis, *Corazón.*

La educación es el pan del alma.
Mazzini, *Dei doveri dell'uomo.*

La educación que se da normalmente a los jóvenes es un segundo amor propio que se les va inspirando.
François de La Rochefoucauld, *Máximas.*

Todos estamos hechos de una tela en la que el primer pliegue ya no desaparece nunca.
Massimo d'Azeglio, *I miei ricordi.*

Para escribir

La educación es la enemiga de la sabiduría, porque la educación hace necesarias muchas cosas de las cuales, para ser sabios, sería necesario prescindir.
Luigi Pirandello, *Il piacere dell'onestà.*

«O se aprende la educación en la propia casa (decía Dick) o el mundo la enseña con el látigo, y nos podemos hacer daño.»
Francis Scott Fitzgerald, *Suave es la noche.*

Teniendo que luchar con la naturaleza o con las instituciones sociales, es necesario escoger entre hacer de hombre o de ciudadano, las dos cosas juntas es imposible.
Jean-Jacques Rousseau,
Emilio o De la educación.

Toda la educación se reduce a estas dos enseñanzas: aprender a soportar la injusticia y aprender a resistir el aburrimiento.
Celestino Galiani,
Correspondance de l'abbé Galiani.

Error

Para hablar

Al poco tiempo de haber desapareci-
do un error, los hombres no consiguen entender cómo ha podido ser
tomado en serio.

Claude Adrien Helvétius, *De l'home.*

C'est plus d'un crime, c'est une faute.
Es más que un delito, es un error.

Antoine Boulay de la Meurthe, a propósito
de la ejecución del duque d'Enghien.

*Chi falla in appuntar primo bottone; / né
mezzani né ultimo indovina.*
Aquel que se equivoca señalando al
primero, no adivinará ni el segundo ni
el tercero.

Giordano Bruno, *Il candelaio.*

El error habla con la doble voz, una
de las cuales afirma lo falso y la otra lo
desmiente.

Benedetto Croce, *Breviario de estética.*

El error no es nunca «puro» puesto
que, si lo pudiera ser, sería verdad.

Benedetto Croce, *Breviario de estética.*

*Errare humanum est, perseverare autem
diabolicum.*
Errar es humano, pero perseverar es
diabólico.

Dicho de la escolástica
que deriva de san Agustín.

*Errare, mehercule, malo cum Platone
(...) quam cum istis vera sentire.*
Prefiero equivocarme, por Hércules,
con Platón que tener razón con estos
(los pitagóricos).

Marco Tulio Cicerón, *Tusculanas.*

Es bueno confesar los propios errores.
Nos sentimos más fuertes.

Mahatma Gandhi, citado por D. G. Tenu-
dulkar, *Kahatma, life of Mohandas Gandhi.*

Es irrt der Mensch, so lang er sterbt.
El hombre se equivoca mientras
busca.

Johann Wolfang von Goethe,
Fausto, I, prólogo, 317.

La mínima desviación inicial de la
verdad se multiplica con el tiempo
millares de veces.

Aristóteles, *Acerca del cielo.*

Los errores del hombre lo hacen ser
particularmente amable.

Johann Wolfang von Goethe,
Máximas y reflexiones.

Los errores más pequeños son siempre los mejores.

Molière, *El atolondrado.*

73

No he conocido nunca a un hombre que viendo los propios errores supiera culparse a sí mismo.

Confucio, *Las analectas.*

No existe una causa de error más frecuente que la búsqueda de la verdad absoluta.

Samuel Butler, *Cuadernos.*

Sólo los imbéciles no se equivocan nunca.

De Gaulle, conversación privada.

Un error es más peligroso cuantas más verdades contiene.

Henri Frédéric Amiel,
Fragmentos de un diario íntimo.

Para escribir

Cometer algún error al principio de la vida no es malo; al contrario, de ello se derivan grandes beneficios prácticos.

Thomas Huxley, *Sobre la educación médica.*

El error de opinión se puede tolerar cuando se ha concedido a la razón libertad para combatirlo.

Thomas Jefferson,
mensaje inaugural, 4 de marzo de 1801.

Los errores, como briznas, flotan en la superficie; los que buscan perlas tienen que buscar en lo más profundo.

John Dryden, *All for love.*

No existen errores inocuos en filosofía ni en moral. El retorno del error a la ignorancia es un progreso.

Alessandro Manzoni,
Osservazioni sulla morale cattolica.

No more be griv'd at that thou hast done: / Roses have thorns, and silver fountains mud: / clouds and eclipses stain both moon and sun, / and loathsome canker lives in sweetest bud. / All men make faults.

No dejes que la pena te invada por lo que has hecho: / las rosas tienen espinas, y barro la plateada fuente: / las nubes y los eclipses ofuscan a la luna y al sol, / el repugnante cangrejo vive en el capullo más tierno. / Es humano cometer errores.

William Shakespeare, Soneto XXXV.

No vivimos lo suficiente como para aprovecharnos de nuestros errores. Cometemos errores durante toda nuestra vida y todo lo que podemos hacer a fuerza de errores es morir íntegros.

Jean de La Bruyère, *Los caracteres.*

Una cosa es demostrar a un hombre que está equivocado, otra es situarlo en posesión de la verdad.

John Locke,
Ensayo sobre el entendimiento humano.

ESPOSA

Para hablar

La esposa es la amante del hombre joven, su compañera a mitad de la vida
y su enfermera en la vejez.

Francis Bacon, *Ensayos.*

Quis ferat uxorem cui constant omnia?
¿Quién soportaría a una esposa a la
que no faltara nada?

Decio Junio Juvenal, *Sátiras*, VI, 166.

Se tiene que escoger como esposa a la
mujer que se escogería por amigo si
fuera un hombre.

Joseph Joubert, *Pensamientos.*

Si uno te roba a la mujer, no hay peor
venganza que dejársela.

Sacha Guitry, *Elles et toi.*

Una mujer es un esclavo que es necesario saber colocar sobre un trono.

Honoré de Balzac,
La fisiología del matrimonio.

Para escribir

La esposa está hecha para su marido;
y el marido está hecho para la patria,
para la familia y para la gloria.

Napoleón.

ÉXITO

El éxito es vulgar.
Duque de Bedford, *El libro de los esnob.*

El privilegio del éxito es, en el orden de la acción, un signo de verdad.
Charles Maurras,
Encuesta sobre la monarquía.

Es posible fracasar de muchas maneras (...), mientras triunfar es posible sólo de una.
Aristóteles, *Ética a Nicómaco.*

Hos successus alit: possunt, quia posse, videntur.
A estos los empuja el éxito: pueden porque todos creen que pueden.
Publio Virgilio Marón, *Eneida*, V, 231.

La verdadera piedra de comparación del mérito es el éxito.
George Gordon Noel Byron,
Marin Faliero, dux de Venecia.

Nada sale mejor que el éxito, que es el imán moral que todo lo atrae.
Alejandro Dumas.

Todo lo que necesitas en la vida es ignorancia y confianza; después de esto el éxito es seguro.
Mark Twain.

Para escribir

Creo que en la vida práctica se puede obtener un verdadero éxito siempre que sea sin escrúpulos; la ambición carece siempre de escrúpulos.
Oscar Wilde, *Paradoja y genio: aforismos.*

Para entrar en la alta sociedad actualmente es necesario saber satisfacer a la gente, o saberla divertir, o escandalizarla; no se necesita nada más.
Oscar Wilde, *Paradoja y genio: aforismos.*

EXPERIENCIA

Para hablar

---

*Bene è felice quel, donne mie care, /
ch'essere accorto all'altrui spese impare.*
Muy feliz es aquel, señoras mías, / que
aprende de las desgracias ajenas.
> Ludovico Ariosto,
> *Orlando furioso*, X, octava 6.

Discipulus est prioris posterior dies.
El día siguiente es el discípulo del
precedente.
> Publilio Siro, *Sentencias*.

El mejor consejo lo da la experiencia,
pero es un consejo que llega siempre
tarde.
> Amelot de la Houssaye.

Experiencia es el nombre que cada
uno da a los propios errores.
> Oscar Wilde,
> *El abanico de Lady Windermere*.

Experiencia: un regalo útil que no
sirve para nada.
> Jules Renard.

Experto credite.
Creed en quien ya ha experimentado.
> Publio Virgilio Marón, *Eneida*, XI, 283.

Gracias a la experiencia progresan la
ciencia y el arte.
> Aristóteles, *Metafísica*.

La experiencia es la única profecía de
los sabios.
> Alphonse de Lamartine,
> discurso realizado en Mâcon.

La experiencia, este fruto tardío, el
único fruto que madura sin endulzarse.
> Jules Amédée Barbey d'Aurevilly,
> *Los filósofos y los escritores religiosos*.

La experiencia tiene la utilidad de
un billete de lotería después de la
extracción.
> Adolfo d'Houdetot,
> *Epreuves du coeur humain*.

Quien se ha escaldado con la sopa
caliente, sopla sobre la fría.
> Giulio Cesare Croce,
> *Bertoldo, Bertoldino y Cacaseno*.

Respecto a la experiencia, es lo que
nos queda después de haber perdido
el resto.
> Bacchelli, *Il mulino del Po*.

Si jeunesse savait; si vieillesse pouvait.
Si la juventud supiera; si la vejez pudiera.
> Henri Estienne, *Les prémices*.

77

Para escribir

A cosa / mai mi ha servito l'esperienza?
A vivere / pago a piccole cose onde vive-
vo / inquieto un tempo.
¿Para qué me ha servido la experiencia? Para vivir agradecido por las
pequeñas cosas que antes me hacían
vivir inquieto.

Saba, «Momento», de *Quasi un racconto*.

Gli è ben vero che dice: «Tu imparerai
per un'altra volta». Questo non vale
perché la vien sempre con modi diversi e
non mai immaginati.
Es verdad que se dice: «Aprenderás
para otra vez». Esto no es válido porque llega siempre con formas diversas
y nunca imaginadas.

Benvenuto Cellini, *La vida*, XVII.

La experiencia es como una belleza
sin corazón. Pasan años antes de que
la conquistes y, cuando finalmente
cede, los dos somos ya viejos y ya no
tenemos necesidad el uno del otro.

Ludwig Börne, *Il prezzo del cigno bianco*.

La experiencia sirve para enseñarnos
no lo que tenemos que hacer, sino lo
que inevitablemente haremos, debido
a que un hombre, por muy competen-
te que sea, es como un puente que tiene una cierta capacidad y no más. Si
llega un carro que pesa demasiado el
puente se cae.

Cesare Pavese, «La famiglia», de *Racconti*.

Los axiomas de la filosofía no son
axiomas hasta que no los hemos probado sobre nuestra piel: leemos cosas
bellas pero no podemos sentirlas pro-
fundamente hasta que no hemos recorrido los mismos pasos que el autor.

John Keats, carta a John Hamilton
Reynolds, 3 de mayo de 1818.

Nadie puede obtener de las cosas,
incluidos los libros, más de lo que ya
sabe. Un hombre no tiene orejas
para aquello a lo que la experiencia
no le ha dejado todavía acceder.

Friedrich Nietzsche, *Ecce Homo*.

Por la noche nos volvemos más sensa-
tos por el día que ha pasado, pero
nunca lo suficiente para el día que
puede venir.

Friedrich Rückert, *Poesía*.

FAMA

Para hablar

Cuando examino la fama conquistada por los héroes y las victorias de los grandes generales, no envidio a los generales.

Walt Whitman, *Hojas de hierba.*

Exegi monumentum aere perennius.
He erigido un monumento más duradero que el bronce.

Quinto Horacio Flaco, *Odas*, III, 30, 1.

La fama no es una planta que crezca en suelo mortal.

John Milton, *Licida*, 78.

La tan anhelada fama es casi siempre una prostituta premiada.

Honoré de Balzac, *Las ilusiones perdidas.*

Non omnis moriar.
No morirá del todo.

Quinto Horacio Flaco, *Odas*, III, 30, 6.

¿Queréis que se hable bien de vosotros? No lo hagáis vosotros mismos.

Blaise Pascal, *Pensamientos.*

Si no se da a conocer, la acción más noble muere.

Píndaro, fragmento.

Para escribir

Che tosto o buona o ria che la fama esce / fuor d'una bocca, in infinito cresce.
En cuanto la fama, buena o mala, sale de una boca, crece sin límites.

Ludovico Ariosto,
Orlando furioso, XXXII, octava 32.

El camino quizá más directo para alcanzar la fama es afirmar con seguridad y pertinencia y con el mayor número de formas posible que se ha conquistado.

Giacomo Leopardi, *Pensamientos*, LX.

Forsitan et nostrum nomen miscebitur istis, / nec mea Lethaeis scipta dabuntur aquis.
Quizás hasta mi nombre tendrá un lugar entre estos / y mis escritos se entregarán a las aguas del Leteo.

Publio Ovidio Nasón,
El arte de amar, III, 339-340.

La fama ch'invaghisce a un dolce suono / voi superbi mortali, e par sì bella, / è un'eco, un sogno, anzi del sogno un'ombra / che ad ogni vento si dilegua e sgombra.
La fama que os enamora con su dulce rumor, / oh soberbios mortales, y parece tan bella, / es un eco, un sueño, es más, del sueño una sombra / que

con cualquier soplo se disuelve y se aleja.

Torquato Tasso, *Jerusalén libertada*, XIV, 63.

La fama es como un río que hace flotar las cosas ligeras e hinchadas y manda al fondo las pesadas y macizas.

Francis Bacon, *Ensayos*.

La fama es un peso sobre los hombros del hombre ejemplar, y mientras lleva el peso durante su camino, los demás le juzgan. Si lo lleva sin dudar nunca, pasará a ser un héroe; pero si su pie resbala y cae, pasará a formar parte del ejército de los impostores.

Gibran Jalil Gibran, *Dichos espirituales*.

¡Maldita la fama! Se puede llevar como un ajustador de cuero tanto del derecho como del revés.

William Shakespeare, *Troilo y Cresida*, acto III, escena III.

No debe preocuparte el hecho de que la gente no te conozca. Preocúpate más bien del hecho de que quizá no mereces ser conocido.

Confucio, *Las analectas*.

Tutto vince e ritoglie il Tempo avaro; / chiamasi Fama ed è morir secondo, / né più che contra'l primo è alcun riparo.
El Tiempo avaro todo gana y aleja; / se llama fama y es una segunda muerte, / contra la que tampoco es posible defenderse.

Francesco Petrarca, *Trionfo del tempo*, 142-144.

FAMILIA

Para hablar

En general, las buenas familias son peores que las otras.
Anthony Hope, *El prisionero de Zenda.*

Espinas letales, espinas puntiagudas / así son las tías y las parientas.
Leonardo Sinisgalli, «Saggezza», de *La vigna vecchia.*

Gobernar una familia tiene tanta dificultad como gobernar un reino.
Michel de Montaigne, *Ensayos.*

Inimici hominis domestici eius.
Los enemigos del hombre son sus familiares.
Mateo, 10, 36.

La familia es el test de la libertad, porque es la única cosa que el hombre libre hace de por sí y para sí.
Gilbert K. Chesterton, *Fancies versus fads.*

La familia es la Patria del corazón.
Mazzini, *Dei doveri dell'uomo.*

Las familias felices se parecen todas; las familias infelices son infelices cada una a su manera.
León Tolstoi, *Ana Karenina.*

Los hijos son la corona de los viejos, / y los padres son la gloria de los hijos.
Proverbios, 17, 6.

Se producen accidentes incluso en las mejores familias.
Charles Dickens, *David Copperfield.*

Para escribir

Cuando no se amenaza sino que se razona, cuando no se tiene miedo sino que se ama, cuando Dios es el jefe de la casa, entonces nace la familia.
San Juan Bosco, *Jesús*, 1/88.

Cuando tenemos a los parientes en casa, tenemos que pensar en todas sus buenas cualidades; de otro modo sería imposible soportarlos. Pero cuando están lejos, nos consolamos de su ausencia pensando en sus vicios.
Shaw, *Casa Cuorinfranto.*

Familles! je vous hais! Foyers clos; portes refermées; possessions jalouses du bonheur.
¡Familias! ¡Os odio! Hogares cerrados; puertas cerradas; celosa posesión de la felicidad.
André Gide, *Los alimentos terrenales.*

La burguesía ha arrancado el conmovedor velo sentimental a la relación familiar y lo ha reconducido hacia una pura relación de dinero.

Marx-Engels, *Manifesto comunista.*

La familia es la asociación instituida por la naturaleza para proveer a las cotidianas necesidades del hombre.

Aristóteles, *La política.*

La familia no se considera como pilar y base de la sociedad, sino como un producto de su estructura económica.

Wilhelm Reich, *La revolución sexual.*

La vida de familia pierde toda libertad y belleza cuando se basa en el principio del yo te doy y tú me das.

Ibsen, *Casa de muñecas.*

La familia, tal como está constituida hoy por el matrimonio sin divorcio es absurda, nociva y prehistórica. Casi siempre una cárcel. A menudo una tienda de beduinos con la mugrienta mezcla de viejos inválidos, mujeres, niños, tocinos, asnos, camellos, gallinas y estiércol.

Filippo Tommaso Marinetti, «Contro il matrimonio», de *Democrazia futurista.*

¡La santa familia!... El lugar en el que se presume que florezcan todas las virtudes, donde los niños inocentes están obligados mediante la tortura a las primeras hipocresías, las voluntades se destruyen mediante la tiranía de los padres, el respeto por uno mismo se ve mortificado (...).

August Strindberg, *El hijo de la sierva.*

La vida familiar tal como la concebimos nosotros no nos es más natural de lo natural que le es una jaula a una cacatúa.

George Bernard Shaw, *Oh, el matrimonio.*

Quien tiene mujer e hijos ha entregado rehenes a la fortuna; la mujer y los hijos representan de hecho un impedimento a las grandes empresas, tanto las virtuosas como las malvadas.

Francis Bacon, *Ensayos.*

FANTASÍA

Para hablar

*Ah, que le monde est grand à la clarté
des lampes! / Aux yeux du souvenir que
le monde est petit!*
¡Ah, qué grande es el mundo a la luz
de las lámparas! / ¡Y qué pequeño es
a los ojos del recuerdo!
Charles Baudelaire, «El viaje»,
de *Las flores del mal.*

All'alta fantasia qui mancò possa.
Y la alta fantasía fue impotente.
Dante Alighieri, *Paraíso*, XXXIII, 142.

Da rienda suelta a la fantasía, / el placer no se encuentra nunca en nuestra
casa.
John Keats, *Fantasía.*

La fantasía (...) es la hija preferida de
la libertad.
Leo Longanesi, «1943 Napoli»,
de *Parliamo dell'elefante.*

La fantasía es más robusta cuanto más
débil es el raciocinio.
Giambattista Vico, *Ciencia nueva.*

La fantasía (...) no es más que memoria o dilatada o compuesta.
Giambattista Vico, *Ciencia nueva.*

Una fuerte fantasía es conservadora.
Hugo von Hofmannsthal,
El libro de los amigos.

Para escribir

La fantasía se puede comprar con el
sueño de Adán: Adán se despertó y
descubrió que era de verdad.
John Keats, carta a Benjamin Bailey,
22 de noviembre de 1817.

¡Oh fantasía, inagotable fuente, de
la que el artista y el científico beben!
¡Vive cerca de nosotros, aunque sólo
te reconocen y te honoran unos pocos, para preservarnos de la llamada
razón, de ese fantasma sin carne y
sin sangre!
Schubert.

Si no fuera por la fantasía, señor, un
hombre sería tan feliz entre los brazos
de una camarera como entre los de
una duquesa.
Samuel Johnson, citado por Boswell,
Vida del doctor Samuel Johnson.

FE

Para hablar

Est (...) fides sperandarum substantia rerum, argumentum non apparentium.
La fe es la sustancia de las cosas esperadas y el argumento de las cosas no vistas.
San Pablo, *Carta a los hebreos*, 11, 1.

La fe debe tener más de una hora de antigüedad.
Robert Musil,
El hombre sin atributos (Ulrich).

La fe mueve montañas.
Deducción de San Pablo,
Carta a los corintios, 13, 2.

La fe empieza precisamente allí donde la razón acaba.
Soren Kierkegaard, *Temor y temblor.*

La fe es conocimiento en el corazón, sobrepasa el poder de la demostración.
Gibran Jalil Gibran, *Dichos espirituales.*

La fe está hecha para contemplar lo que no ves.
J. Lafrance.

La fe necesita toda la verdad.
Pierre Teilhard de Chardin,
El fenómeno humano.

La fe que no tiene dudas no es fe.
Unamuno, *La agonía del cristianismo.*

La Fe recoge la Verdad mucho antes que la Experiencia.
Gibran Jalil Gibran, *Dichos espirituales.*

La fe se puede definir como una ilógica confianza en la verificación de lo improbable.
Henry Louis Mencken, *Prejudices.*

La fe sin crisis es infantil; la fe siempre en crisis es adolescente; la fe más allá de la crisis es adulta.
Santa Teresa de Jesús.

No confiéis en quien de nadie se fía.
Arturo Graf.

Todo es posible para quien tiene fe.
Marcos, 9, 23.

Para escribir

«Abandonaría enseguida los placeres si tuviera fe». Y yo os digo:

«Obtendréis enseguida la fe si abandonáis los placeres».
Blaise Pascal, *Pensamientos.*

Conocemos a personas muy religiosas que llegaron a dudar de Dios cuando vivieron una gran desgracia, aunque fueran ellas mismas las culpables, pero no hemos visto nunca a nadie que pierda la fe como consecuencia de una suerte no merecida.
Ludwig Börne,
Libro de máximas y pensamientos.

El acto de fe más completo no es sólo creer en Dios, sino creer que Dios cree en mí, que puede y que quiere renovarme.
S. Palumbieri.

La capacidad de creer en algo es una facultad del espíritu. Los animales no la poseen, los salvajes y los hombres poco evolucionados tienen miedos y dudas. La capacidad de fe es propia solamente de las organizaciones superiores.
Anton Pavlovich Chejov, *Cuadernos.*

La fe es la pasión más alta de cada hombre. Existen en cada generación muchos hombres que no la alcanzan, pero nadie la sobrepasa.
Soren Kierkegaard, *Temor y temblor.*

La razón es el enemigo más grande que tiene la fe; la razón no ayuda nunca a las cosas espirituales pero —muy a menudo— lucha contra el Verbo divino, tratando con desprecio todo lo que emana de Dios.
Martín Lutero,
Charlas de sobremesa.

Querida, ¿quién se atreverá / a decir: «Yo creo en Dios?» / Puedes preguntarlo a sacerdotes o a sabios / y la respuesta parecerá que toma el pelo / a quien ha planteado la pregunta.
Johann Wolfang von Goethe,
Fausto, I, 3.426-3.430 (Fausto).

Quien la posee no la puede definir y cuando uno la posee, su definición presenta una falta de gracia. Por lo tanto, el creyente no puede y el incrédulo no debería hablar de ella.
Franz Kafka,
Conversaciones con Gustav Janouch.

Quod non capis, quod non vides, / animosa firmat fides / praeter rerum ordinem.
Todo lo que no entiendes, todo lo que no ves, una fe llena de coraje lo da por seguro, por encima del orden de las cosas.
Santo Tomás de Aquino,
Oficio del Santísimo Sacramento.

FELICIDAD

Para hablar

Buscar la felicidad en esta vida, este es el verdadero espíritu de revolución. ¿Qué derecho tenemos a la felicidad?

Ibsen, *Los espectros.*

Cada momento de felicidad es una obra de arte.

Marguerite Yourcenar, *Memorias de Adriano.*

Dedicamos menos tiempo a conquistar la felicidad que a hacer creer que la poseemos.

Abad de Saint-Réal.

Denn schwer ist zu tragen / das Unglück, aber schwerer das Glück.
Porque es grave gobernar / la infelicidad, pero más aún la felicidad.

Hölderlin, «El Reno», de *Himnos.*

Des malheurs évités le bonheur se compose.
La felicidad está hecha de las desgracias evitadas.

Alphonse Karr,
Les Guêpes, 2.ª serie, enero de 1842.

El que no sepa sonreír que no abra una tienda.

Proverbio chino.

En cualquier adversidad de la suerte, la más tremenda de las desgracias es el hecho de haber sido felices.

Boecio, *La consolación por la filosofía.*

En la felicidad de los demás yo busco mi felicidad. Abrirse a los demás es la única solución.

Thomas Corneille.

Es necesario intentar ser felices, aunque sólo sea para dar ejemplo.

Jacques Prévert, *Spectacle.*

Esa prolongación, esa multiplicación posible de uno mismo que es la felicidad.

Marcel Proust,
A la sombra de las muchachas en flor.

Hacer valer libremente el propio ingenio, esa es la verdadera felicidad.

Aristóteles, *Política.*

Hay una abeja que se detiene sobre un capullo de rosa, lo chupa y se va... pensándolo bien, la felicidad es una pequeña cosa.

Trilusa.

La educación no concede la felicidad.

Eugène Labiche, *El mayor Cravachon.*

La felicidad de cada uno se construye sobre la infelicidad de otro.

Ivan Sergueievich Turgenev, *En vísperas.*

La felicidad es exigente como una legítima esposa.

Jean Giraudoux,
La escuela de los indiferentes.

La felicidad es la poesía de la mujer.

Honoré de Balzac, *Papá Goriot.*

La felicidad es la razón.

Vitaliano Brancati,
Paolo il caldo (Michele Castorini).

La felicidad es una forma del arte.

Ardengo Soffici, *Giornale di bordo.*

La felicidad es una mercancía fabulosa: cuanto más se da más se tiene.

Blaise Pascal, *Pensamientos.*

La felicidad y el arco iris no se ven nunca sobre la propia casa, sólo sobre la de los demás.

Proverbio alemán.

La felicidad es un cálido cachorro.

Charles M. Schulz, *Peanuts.*

La felicidad es un vino precioso que parece insípido a un paladar vulgar.

Logan Pearsall Smith, *Afterhoughts.*

La felicidad material se basa siempre en los números.

Honoré de Balzac, *La casa Nucingen.*

La fortuna no otorga la felicidad.

Eugène Labiche, *El mayor Cravachon.*

La mayor felicidad es conocer las causas de la infelicidad.

Fiodor Mijailovich Dostoievski,
Diario de un escritor.

La verdadera felicidad cuesta poco; si es cara no es de buena calidad.

François René Chateaubriand,
Memorias de ultratumba.

Las mujeres más felices, como las naciones más felices, no tienen historia.

George Eliot, *El molino junto al Floss.*

Los que nunca fueron desgraciados no son dignos de su felicidad.

Ugo Foscolo, *Últimas cartas de Jacobo Ortiz.*

Nihil est ab omni / parte beatum.
No existe nada que, desde cualquier punto de vista que se mire, pueda considerarse feliz.

Quinto Horacio Flaco, *Odas*, II, 16, 27-28.

No existe la felicidad inteligente.

Jean Rostand, *Inquietudes de un biólogo.*

No existe ningún deber que infravaloremos tanto como el deber de ser felices.

Robert Louis Stevenson,
Virginibus Puerisque.

No se encuentra en el poder de nuestra voluntad no desear ser felices.
Malebranche, *Sobre la búsqueda de la verdad.*

No se está nunca ni tan felices ni tan infelices como pensamos.
François de La Rochefoucauld, *Máximas.*

No separes a Dios de la felicidad y sitúa toda tu felicidad en el instante.
André Gide, *Los alimentos terrenales.*

Preguntaos si sois felices y dejaréis de serlo.
John Stuart Mill, *Autobiografía.*

Quiero ver las miserias del mundo porque es necesario para la felicidad.
Samuel Johnson,
La historia de Rásselas, príncipe de Abisinia.

Se puede atrapar la felicidad / por la cola como un gorrión.
Leonardo Sinisgalli, «Il passero e il lebbroso», de la recopilación homónima.

Seigneur, on n'est heureux qu'autant qu'on croit être.
Señor, somos felices sólo cuando nos creemos que lo somos.
Thomas Corneille, *Ariane.*

Sólo cuando la vida de un hombre se acaba en la prosperidad es posible decir que ese hombre es feliz.
Esquilo, *Agamenón.*

Tenemos sólo la felicidad que somos capaces de entender.
Maurice Maeterlinck, *La sabiduría y el destino.*

¡Todo por amor! Este es el camino de la santidad y de la felicidad.
J. Escrivà.

Un cristiano es tres cosas: vive absolutamente sin miedo, siempre tiene dificultades y es inmensamente feliz.
Mahatma Gandhi.

Una única cosa es más trágica que el dolor: la vida de un hombre feliz.
Albert Camus, *El mito de Sísifo.*

Para escribir

A mis pensamientos sobre la felicidad se había siempre mezclado, quién sabe por qué, algo de melancolía; pero ahora, a la vista de un hombre feliz, pasó a apoderarse de mí un sentimiento penoso, cercano a la desesperación.
Anton Pavlovich Chejov, *El grosellero.*

La felicidad del hombre moderno es mirar los escaparates y comprar todo lo que puede permitirse comprar, al contado o a plazos.
Erich Fromm, *El arte de amar.*

La felicidad, esa alegría aguda que trastorna el corazón, esa especie de retortijón del alma (...).

Carlo Cassola, *Un corazón árido.*

La felicidad reside en los gustos y no en las cosas; somos felices cuando tenemos lo que nos gusta y no cuando tenemos lo que los demás encuentran agradable.

François de La Rochefoucauld, *Máximas.*

Lo que se llama felicidad en el sentido más restringido corresponde a la improvisada satisfacción de las necesidades acumuladas y por su propia naturaleza puede existir sólo como un fenómeno ocasional.

Sigmund Freud, *El malestar en la cultura.*

Los seres felices son aburridos. Llevan consigo atentamente su corazón, como un vaso lleno que un mínimo movimiento podría hacer que cayera o se rompiera.

Jules Amédée Barbey d'Aurevilly, *Las diabólicas.*

No hay nada más triste que una felicidad que ha llegado demasiado tarde. No puede ser placentera y (...) te priva del derecho, tan valioso, de condenar al prójimo y maldecir el destino.

Ivan Sergueievich Turgenev, *Rudin.*

No es cierto que la felicidad alcanzada demasiado tarde (...) sea exactamente la misma cuya falta nos hacía ser antes tan infelices.

Marcel Proust,
A la sombra de las muchachas en flor.

No siempre es necesario disfrutar de los placeres. Sabiendo hacer un buen uso de la falta de dolores, se puede ser también así bastante feliz.

Saint-Evremond,
A. M. le maréchal de Créqui.

Non v'è infelicità umana la quale non possa crescere, bensì trovasi un termine a quello medesimo che si chiama felicità.
No existe infelicidad humana que no pueda crecer, pero en cambio es posible encontrar un final a aquello que denominamos felicidad.

Giacomo Leopardi,
Zibaldone.

Porque no son de por sí los banquetes, las fiestas, disfrutar de las jovencitas y las mujeres, los buenos pescados y todo aquello que puede ofrecer una rica mesa lo que hace que nuestra vida sea feliz, sino el lúcido examen de las causas de cada elección o rechazo, con el objetivo de oponerse a los falsos condicionamientos que para el alma son la causa de grandes sufrimientos.

Epicuro, *Carta sobre la felicidad.*

Puedo simpatizar con los sufrimientos de los demás, pero no con sus placeres. Hay algo curiosamente aburrido en la felicidad de otro.

Aldous Huxley, *Limbo.*

¡Toda una vida de felicidad! ¡Ningún hombre vivo podría soportarla! ¡Sería el infierno en la tierra!

G. B. Shaw, *Hombre rico, hombre pobre.*

89

FIDELIDAD

Para hablar

Dios no se deja superar en generosidad y, puedes creerlo, concede la fidelidad a quien se le entrega.

J. Escrivà.

La constancia es pereza del corazón.

Etienne Rey, *De l'amour.*

La fidelidad de la mujer es grande, sobre todo cuando no se lo piden.

Soren Kierkegaard, *La repetición.*

La fidelidad es la garantía de la esperanza.

P. Betto.

La flor del primer amor se marchita si no supera la prueba de la fidelidad.

Soren Kierkegaard.

Sólo quien tiene fe en sí mismo puede ser fiel a los demás.

Erich Fromm, *El arte de amar.*

Para escribir

È la fede degli amanti / come l'araba fenice: / che vi sia, ciascun lo dice; / dove sia, nessun lo sa. / Se tu sai dov'ha ricet-to, / dove muore e torna in vita, / me l'addita, e ti prometto / di serbar la fedeltà.

Es la fe de los amantes / como el fénix árabe: / que existe, todos lo afirman; / dónde está, nadie lo sabe. / Si tú sabes dónde se esconde, / dónde muere y resucita, / dímelo, y prometo / serte fiel.

Metastasio, *Demetrio*, acto II, escena III.

La fidelidad es para la vida sentimental lo que la coherencia es para la vida del espíritu: una confesión pura y simple de incapacidad.

Oscar Wilde, *Paradoja y genio: aforismos.*

La fidelidad que se encuentra en la mayor parte de los hombres no es más que una malicia del amor propio para conseguir la confianza de los demás; es un medio para alzarnos por encima de los demás y hacernos depositarios de las cosas más importantes.

François de La Rochefoucauld, *Máximas.*

Quien tiene a una sola es fiel, / hacia las demás es cruel. / Yo que en mí siento / este mismo sentimiento, / quiero a todas por igual. / Y las mujeres, que no saben calcular, / confunden mi buen natural con engañar.

Don Juan, acto II, escena I (Don Juan).
Libreto de Lorenzo Da Ponte,
musicado por Mozart.

FORTUNA

Para hablar

A quien le va bien, parece sensato.
> Giulio Cesare Croce,
> *Bertoldo, Bertoldino y Cacaseno.*

Cuando la fortuna deleita lo hace para traicionar.
> Publilio Siro, *Sentencias.*

Cuando una puerta se cierra, la fortuna abre otra.
> Fernando de Rojas, *La Celestina.*

Fortuna multis dat nimis, satis nulli.
La fortuna da demasiado a muchos pero a ninguno suficiente.
> Marco Valerio Marcial,
> *Epigramas*, XII, 10, 2.

Fortuna vitrea est, tum cum splendet, frangitur.
La fortuna es como el vidrio: cuanto más brilla más frágil es.
> Publilio Siro, *Sentencias.*

Hay momentos en los que todo va bien: no te asustes, no duran.
> Jules Renard, *Diario.*

La fortuna es un dios entre los hombres, es incluso más que un dios.
> Esquilo, *Las coéforas.*

La fortuna guía dentro del puerto incluso a barcos sin capitán.
> William Shakespeare,
> *Cimbelino*, acto IV, escena III (Pisanio).

La fortuna nos corrige muchos defectos de los que no sabría corregirnos la razón.
> François de La Rochefoucauld, *Máximas.*

La fortuna sabe dar la vuelta a las cosas a favor de los que ella da preferencia.
> François de La Rochefoucauld, *Máximas.*

Mihi heri, et tibi hodie.
Ayer por mí, hoy por ti.
> Eclesiastés, 38, 22.

Mortal enemiga de los felices e inmortal esperanza de los infelices.
> Aretino, *Dialogo delle carte parlanti.*

No se es nunca tan afortunado o desafortunado como nos imaginamos.
> François de La Rochefoucauld, *Máximas.*

Si se quiere ser un gran hombre es necesario aprovecharse de toda la propia fortuna.
> François de La Rochefoucauld, *Máximas.*

Para escribir

Cada hombre, en su humana fragilidad, tiene que considerar su último día; y nadie puede confiar en su buena fortuna hasta que, el día de su muerte, la vida no le aparezca como un recuerdo sin dolor.

Sófocles, *Edipo rey*.

Donde hay más intelecto y razón, hay menos fortuna; donde hay mayor fortuna hay menor intelecto.

Aristóteles.

Il lit au front de ceux qu'un vain luxe environne / qui la Fortune vend ce qu'on croit qu'elle donne.
Lee en la frente de los que están rodeados de un vano lujo / que la Fortuna vende lo que se creen regalos.

Jean de La Fontaine, *Filemón y Baucis*.

La fortuna ama a las personas que no son muy sensatas; ama a los audaces y a aquellos que no tienen miedo de decir: «la suerte está echada».

Erasmo de Rotterdam,
Elogio de la locura.

La fortuna hace como el estafador en el juego: hace ganar algunas veces para atraer a los demás.

Alfredo Panzini, *La lanterna di Diogene*.

No esperes que el viento hinche la vela de tu fortuna, sopla dentro tú mismo.

Ugo Ojetti.

Nuestra fortuna, amigo, es como el agua en la red: la estiras y la sientes hinchada y, cuando la dejas en el suelo, ya no hay nada.

León Tolstoi,
Guerra y paz (Platon Karataev).

Pienso que la fortuna es el árbitro de la mitad de nuestras acciones, pero que también nos deja gobernar la otra mitad, o casi, a nosotros.

Nicolás Maquiavelo, *El príncipe*.

Por mucha diferencia que aparezca entre las fortunas de los hombres, encontramos siempre una cierta compensación de bienes y de males que las iguala.

François de La Rochefoucauld, *Máximas*.

Yo considero que es mejor ser impetuoso que respetuoso; porque la fortuna es mujer, y es necesario si se quiere tener controlada azotarla y golpearla. Y se ve que se la ganan más estos que aquellos que actúan fríamente; pero siempre, como mujer, es amiga de los jóvenes, porque son menos respetuosos, más feroces y la dirigen con más audacia.

Nicolás Maquiavelo, *El príncipe*.

FUERZA

Donde falta la fuerza desaparece el derecho.

> Maurice Barrès,
> *La gran piedad de la Iglesia de Francia.*

El que arrolla con la fuerza, ha arrollado a su enemigo sólo la mitad.

> John Milton, *El paraíso perdido*, I, 648.

Es necesario ir en busca de la realidad de mañana no con los sueños, sino con las fuerzas.

> V. Ghika.

La fuerza no es un remedio.

> John Bright, discurso del 16 de noviembre de 1880 en Birmingham.

La fuerza no tiene lógica donde se necesita habilidad.

> Herodoto, *Historias.*

La fuerza y la tolerancia son compañeras.

> Gibran Jalil Gibran, *Dichos espirituales.*

Macht geht vor Recht.
La fuerza prevalece sobre el derecho.

> Bismarck, atribuido a él y desmentido por él.

No descubrir la debilidad es el engaño de la fuerza.

> Emily Dickinson, *Poemas.*

No tenemos fuerza suficiente para sostener nuestra razón.

> François de La Rochefoucauld, *Máximas.*

Ultima ratio.
La fuerza es la última razón.

> Atribuido al cardenal Cisneros,
> regente de España y gran inquisidor.

Una espada mantiene a la otra en la vaina.

> George Herbert, *Jacula Prudentum.*

Vis consili expers mole ruit sua.
La fuerza sin inteligencia se estropea bajo su propio peso.

> Quinto Horacio Flaco, *Odas,* III, 4, 65.

Y es la fuerza / la única y la sola maestra del reinar.

> Parini, «Il mattino», 339-340, de *Il giorno.*

Para escribir

Cuando en una sociedad la fuerza organizada no se encuentra en ningún lugar, el despotismo se encuentra en todas partes.

> Louis Blanc, *La organización del trabajo.*

El más fuerte no es nunca tan fuerte como para poder ser siempre el amo, a menos que transforme su fuerza en derecho y la obediencia en deber.

Jean-Jacques Rousseau, El contrato social.

La fuerza es soplona por naturaleza. No hay ningún signo más seguro de debilidad que desconfiar instintivamente de todo y de todos.

Arturo Graf.

La justicia sin fuerza es inerme, la fuerza sin justicia es tiránica (...).

Blaise Pascal, Pensamientos.

Nadie merece alabanzas por su bondad si no tiene la fuerza de ser malo: cualquier otra bondad no es más que, la mayoría de las veces, la pereza o la impotencia de la voluntad.

François de La Rochefoucauld, Máximas.

Todos nosotros admiramos la fuerza, pero la mayoría se siente más afectada por ella cuando no tiene forma y estabilidad. Pocos son los que respetan la fuerza cuando está bien definida y tiene objetivos significativos.

Gibran Jalil Gibran, Dichos espirituales.

FUTURO

Cada creación auténtica es un don al futuro.

Albert Camus, *Actuelles II.*

El futuro entra en nosotros, para transformarse en nosotros, antes de que suceda.

Rainer Maria Rilke, *Cartas a un joven poeta.*

El futuro es como el paraíso —todos lo exaltan pero ahora nadie quiere ir con él.

James Baldwin, *Nadie sabe mi nombre.*

El futuro es un instrumento monótono.

Francis Picabia, *Jésus-Christ Rastaquouère.*

El futuro es la única trascendencia de los hombres sin Dios.

Albert Camus, *El hombre en rebeldía.*

El mundo es bello y el porvenir es santo.

Giosué Carducci, «Il canto dell'amore», de *Giambi ed epodi.*

L'avenir est a ceux qui ne sont pas désa-busés.
El porvenir es de aquellos que no están desilusionados.

Georges Sorel, *Reflexiones sobre la violencia.*

La verdadera generosidad hacia el futuro consiste en dar todo el presente.

Albert Camus, *El hombre en rebeldía.*

No pienso nunca en el futuro porque llega muy pronto.

Albert Einstein, entrevista, diciembre de 1930.

Quid sit futurus cras, fuge quaerere.
¿Qué sucederá mañana? Rehúye la pregunta.

Quinto Horacio Flaco, *Odas,* I, 9, 13.

Quizá sólo en el paraíso la humanidad vivirá por el presente, hasta ahora ha vivido siempre pensando en el futuro.

Anton Pavlovich Chejov, *Cuadernos.*

Para escribir

Creo que una cosa importante en el mundo es no tanto dónde estamos sino en qué dirección vamos.

Oliver Wendell Holmes, *El autócrata del desayuno.*

Deja dormir al futuro tal como merece. Si se le despierta antes de tiempo, se obtiene un presente somnoliento.

Franz Kafka, *Diarios.*

El futuro es algo que cada uno alcanza a la velocidad de sesenta minutos por hora, haga lo que haga, sea quien sea.

Clive Staples Lewis, *The screwtape letters.*

El porvenir no es un probable don del cielo, sino que es real, relacionado con el presente como una barra de hierro, inmersa en la oscuridad, con su punta iluminada.

Vitaliano Brancati, *Paolo il caldo.*

El tiempo presente y el pasado / están quizá presentes los dos en el tiempo futuro, / y el tiempo futuro contiene el tiempo pasado.

T. S. Eliot, *Cuatro cuartetos.*

Ma foi, sur l'avenir bien fou qui se fiera: / tel qui rit vendredi dimanche pleurera.
A fe mía, es un loco quien confía en el futuro: quizá reirá el viernes, pero llorará el domingo.

Racine, *Los litigantes.*

Todos tenemos que preocuparnos del futuro porque es allí donde tenemos que pasar el resto de nuestra vida.

Charles Franklin Kettering, *Seed for thought.*

GENIO

Para hablar

Dios nos da el alma, pero el genio tenemos que adquirirlo con la educación.

Hofmannsthal, *El libro de los amigos*.

El genio es como un espejo, una cara recibe la luz mientras la otra es rugosa y fascinante.

Paul Claudel, *El libro de Cristóbal Colón*.

El genio es la punta extrema del sentido práctico.

Jean Cocteau, *Opio*.

El genio es no conformismo.

Vladimir Nabokov, *Pnin*.

El genio (...) es poco más que una facultad de percibir de una forma insólita.

William James, *Principios de psicología*.

El genio es un uno por ciento de inspiración y un noventa por ciento de sudor.

Thomas Alva Edison.

El genio no es más que una mayor aptitud a la paciencia.

Hérault de Séchelles, *Una visita a Montbars*.

El verdadero genio es una mente de grandes capacidades generales a la que la casualidad otorga una dirección particular.

Samuel Johnson, *Vida de los poetas ingleses*.

En su grandeza, el genio desprecia los caminos conocidos y busca regiones todavía inexploradas.

Lincoln, discurso, 1838.

Es quizá menos difícil ser un genio que encontrar quien sea capaz de darse cuenta de ello.

Ardengo Soffici, *Giornale di bordo*.

Genio. Inútil admirarlo, es una neurosis.

Gustave Flaubert,
Diccionario de lugares comunes.

Hacer fácilmente lo que los demás encuentran difícil es tener talento; hacer lo que es imposible para el talento es genio.

Henri Frédéric Amiel,
Fragmentos de un diario íntimo.

Los hombres de genio son meteoros destinados a quemar para iluminar su siglo.

Napoleón, discurso de Lyon, 1791.

Nullum magnum ingenium sine mixtura dementiae fuit.
No ha existido nunca un gran ingenio que no fuera también un poco loco.
Lucio Anneo Séneca, *De tranquillitate animi.*

Tener genio significa participar en la irracionalidad del cosmos.
Hugo von Hofmannsthal, *Apuntes y diarios.*

Un hombre de genio no comete errores. Sus errores son buscados y son portales de descubrimiento.
James Joyce, *Ulises.*

Para escribir

El genio artístico actúa como esas temperaturas extremadamente elevadas que tienen el poder de disociar las combinaciones de átomos y reagruparlos en un orden absolutamente contrario, que responde a otro tipo.
Marcel Proust,
A la sombra de las muchachas en flor.

El genio (...) es la capacidad de ver diez cosas donde el hombre común ve sólo una y donde el hombre de talento ve dos o tres, más la capacidad de registrar esta percepción múltiple en la materia de su arte.
Pound, *Jefferson and/or Mussolini.*

El genio se encabrita contra cualquier tipo de servilismo; y cuando la libertad y el nivel de ánimo indispensables para cada escritor se postran bajo la necesidad del pan, los genios se convierten en cagatintas.
Ugo Foscolo, *Epistolario.*

Es triste constatarlo, pero está fuera de dudas que el genio dura más que la belleza. Esto explica por qué todos se esfuerzan en instruirse demasiado.
Oscar Wilde.

La enfermedad que amplía la genialidad, que supera los obstáculos y en la embriaguez temeraria salta de roca en roca, es mil veces mejor recibida en la vida de lo que lo es la salud que se arrastra chancleteando.
Thomas Mann, *El doctor Faustus.*

La propia imagen, para un hombre que tenga esa extraña cosa que es el genio, es la medida de cada experiencia, material y moral. Una simple llamada lo conmueve. Las imágenes de otros machos de su sangre lo alejarán. Verá en ellos grotescos intentos de la naturaleza para predecirlo o repetirlo.
James Joyce, *Retrato del artista adolescente.*

Los caminos del genio son misteriosos. Va respetando su secreto, un poco similar al que utiliza la naturaleza para rodear los amores y los matrimonios.
Emilio Cecchi, «M. Arnold e lo spirito accademico», de *Scrittori inglesi e americani.*

No he conocido nunca un hombre de genio que no hubiera tenido que pagar, con alguna pena o defecto físico o espiritual, por lo que los dioses le habían dado.
Max Beerbohm, N.° 2. *The Pines.*

GLORIA

Cuando el reconocimiento de lo infinito para uno sólo pierde todo pudor, entonces nace la gloria.

Friedrich Nietzsche, *La gaya ciencia.*

El tiempo no se detiene para admirar la gloria: la utiliza y pasa a otra cosa.

François René Chateaubriand,
Los cuatro Stuart.

Es tan lícito jactarse dentro de uno mismo como ridículo es jactarse con los demás.

François de La Rochefoucauld, *Máximas.*

¿Fue gloria verdadera? Quede para los descendientes la ardua sentencia.

Alessandro Manzoni, *Il cinque maggio.*

La diferencia entre gloria real y ficticia se encuentra en sobrevivir en la historia o en una historia.

George Gordon Noel Byron, *Don Juan.*

La gloria de los grandes hombres tiene que medirse siempre con los medios que se utilizaron para conseguirla.

François de La Rochefoucauld, *Máximas.*

La gloria es el resultado de la adaptación de un espíritu a la estupidez nacional.

Charles Baudelaire, *Escritos íntimos.*

La gloria es el sol de los muertos.

Honoré de Balzac, *La piel de chagrin.*

La gloria es una forma de incomprensión; quizá la peor.

Jorge Luis Borges, «Pierre Menard, autor del Quijote», en *La biblioteca de Babel.*

La gloria no puede proporcionar la alegría de quien la ha robado sin merecerla.

Nikolaï Vasilevich Gógol, «El retrato», de *Historias de San Petersburgo.*

Para escribir

La gloria es como las luciérnagas, que brillan de lejos pero, vistas de cerca, no tienen ni cabeza ni luz.

John Webster, *La duquesa de Amalfi.*

La gloria es similar a un círculo en el agua que no deja nunca de ensancharse hasta que, debido precisamente a que se ensancha, desaparece en la nada.

William Shakespeare,
Enrique IV, acto I, escena II.

GOBIERNO

Para hablar

Cada nación tiene el gobierno que se merece.

Joseph de Maistre.

El arte de gobernar ha producido sólo monstruos.

Louis Antoine Leon Saint-Just, discurso en la Convención, 24 de abril de 1793.

El arte de gobernar precisa más carácter que inteligencia.

T. E. Lawrence, *Los siete pilares de la sabiduría.*

El gobierno de un país no es la nación y todavía menos la patria.

Henri Lacordaire, *Tercera carta a un joven.*

El gobierno es como todas las cosas del mundo: para conservarlo es necesario amarlo.

Charles de Secondat, Barón de Montesquieu, *Del espíritu de las leyes.*

El primer deber del gobierno es y será siempre mantener el orden a cualquier precio.

Giolitti, *Memorie della mia vita.*

El príncipe hábil en el arte de gobernar a los hombres utiliza sus defectos para reprimir sus vicios.

Duque de Lévis, *Máximas, preceptos y reflexiones.*

En cualquier género y en cualquier caso el gobierno débil es el peor de todos.

Massimo d'Azeglio, *I miei ricordi.*

Government of the people, by the people, for the people.
Gobierno del pueblo, por el pueblo, para el pueblo.

Abraham Lincoln, discurso del 19 de noviembre de 1863.

Los gobiernos tienen que ser conformes a la naturaleza de los hombres gobernados; aún más, son el resultado de esa naturaleza.

Giambattista Vico, *Ciencia nueva.*

Los hombres se gobiernan con la cabeza. No se juega al ajedrez con el buen corazón.

Sébastien-Roch-Nicolas Chamfort, *Máximas, pensamientos, caracteres y anécdotas.*

Los hombres son difíciles de gobernar porque saben demasiado.

Lao Tzu, *Tao Te Ching.*

Para gobernar bien un estado es necesario escuchar mucho y hablar poco.

Sentencias de estado.

¿Qué gobierno, se pregunta, es el mejor? El que nos enseña a gobernarnos solos.

Johann Wolfang von Goethe, *Máximas y reflexiones.*

Videbis, fili mi, quam parva sapientia regitur mundus.
Verás hijo mío con qué poca sabiduría se gobierna el mundo.

Axel Oxenstierna, atribuido.

Para escribir

Desde que las sociedades existen, un gobierno ha sido siempre, a la fuerza, un contrato de seguro establecido entre los ricos contra los pobres.

Honoré de Balzac,
Tratado de la vida elegante.

La sociedad es, en cada uno de sus estados, una bendición, pero el gobierno, incluso en su estado mejor, es sólo un mal necesario; y en el peor un mal intolerable.

Thomas Paine,
El sentido común y otros escritos.

Los gobiernos pueden gobernarse sólo gracias a lo que les ha hecho nacer. De esta forma, por ejemplo, un gobierno fundado con la fuerza se sostiene sólo con la fuerza, no con la astucia, y viceversa.

Heine, Sobre Francia.

Los gobiernos se comportan actualmente como no se atrevería nunca a comportarse un hombre de negocios, ni siquiera el más desconsiderado.

Armand Salacrou, La terre est ronde.

No siento más que desprecio por el hombre de gobierno que tiene miedo, por cualquier razón, de seguir el camino que sea mejor para el estado.

Sófocles, Antígona.

Para que una nación pueda llegar a un supremo grado de perfección, es necesario que los gobernantes dejen mucho desorden mezclado con el orden, muchas pasiones con muchas razones, muchas leyes con muchas infracciones y muchas reglas con muchas excepciones.

Celestino Galiani,
Correspondance de l'abbé Galiani.

Quien se pasea convenciendo a personas de que no están tan bien gobernados como deberían, tendrá siempre gente que le escuche atentamente y con benevolencia.

Richard Hooker, Disciplina eclesiástica.

Si alguien me preguntara qué es un gobierno libre, respondería que, a todos los efectos prácticos, un gobierno libre es el que aparece como tal al pueblo.

Edmund Burke,
Carta a los alguaciles de Bristol.

Un gobierno sería eterno a condición que ofreciera todos los días un fuego de artificio al pueblo y un proceso escandaloso a la burguesía.

Edmond y Jules de Goncourt, Journal.

Unos gobiernan por el placer de gobernar, otros para no ser gobernados; estos tienen sólo el más pequeño de los dos males.

Friedrich Nietzsche, Aurora.

GRATITUD

Brevis est magni fortuna favoris.
Dura poco la fortuna que proviene del
favor de un grande.

Silio Itálico, *Punica.*

La gratitud es la forma más exquisita
de cortesía.

Jacques Maritain, *Reflexions sur l'Amérique.*

La gratitud es la memoria del corazón.

J. B. Massieu.

La gratitud es la tímida riqueza de
aquellos que no poseen nada.

Emily Dickinson.

No existe mayor exceso en el mundo
que el del reconocimiento.

Jean de La Bruyère, *Los caracteres.*

¿Qué envejece enseguida? La gratitud.

Aristóteles, de Diógenes Laercio,
Vidas de filósofos.

Don Ciccio gritaba todavía: para uste-
des, señores, es otra cosa. Se puede
ser ingrato por un feudo de más; por
un pedazo de pan el reconocimiento
es una obligación.

Tomasi di Lampedusa, *El gatopardo.*

En la mayoría de los hombres la gratitud es sólo un deseo velado de recibir
mayores beneficios.

François de La Rochefoucauld, *Máximas.*

La gratitud es una deuda que normalmente se va acumulando, como sucede con los chantajes: más pagas y más
te piden.

Mark Twain, *Autobiografía.*

La gratitud no existe en la naturaleza,
por lo que es inútil pretenderla de los
hombres.

Cesare Lombroso.

GUERRA

Para hablar

Bellum se ipsum alet.
La guerra se alimenta a sí misma.
    Tito Livio, *Ab urbe condita,* XXXIV, 9.

Cada guerra civil se transforma en guerra de religión.
    Georges Bernanos,
    Diálogos de Carmelitas.

La guerra civil es el peor de los problemas.
    Blaise Pascal, *Pensamientos.*

La guerra es (...) la forma colectiva y violenta de la conversación.
    Alexandre Arnoux, *Contacts allemands.*

La guerra es un bruto y violento oficio.
    Friedrich Schiller, *Los Piccolomini.*

La guerra no es más que un duelo a gran escala.
    Karl Clausewitz, *De la guerra.*

La guerra no es un instinto sino una invención.
    José Ortega y Gasset,
    La rebelión de las masas.

La guerra (...) se parece al camaleón porque cambia de naturaleza en cada caso concreto.
    Karl Clausewitz, *De la guerra.*

La humanidad tiene que poner fin a la guerra, o la guerra pondrá fin a la humanidad.
    John F. Kennedy, mensaje a la ONU,
    25 de septiembre de 1961.

Las madres y los padres detestan la guerra.
    Juan XXIII, de *Motti e detti di Papa Giovanni,* a cargo de Dino T. Donadoni.

No ha existido nunca una buena guerra o una mala paz.
    Benjamin Franklin, carta a Quincy,
    11 de septiembre de 1772.

Un imperio fundado con la guerra tiene que mantenerse con la guerra.
    Charles de Secondat, Barón de Montesquieu,
    Grandeza y decadencia de los romanos.

Para escribir

El gran león lucha por la justicia, se pelea por el esplendor de su honor, y nunca desiste de la lucha, hasta que el ojo no se le rompe en la muerte.
    Canción Suahili.

En la guerra, sea cual sea el bando que celebra haber ganado, no hay vencedores, todos son perdedores.

Neville Chamberlain, discurso del 3 de julio de 1938 en Kettering.

Esta cosa tan injusta se manifiesta en cada guerra: que todos reivindiquen como suyo el mérito de los éxitos, mientras la culpa de los fracasos se hace recaer sobre uno solo.

Tácito, *Agrícola.*

La decisión de las armas, en todas las grandes y pequeñas operaciones de guerra, representa lo que en el comercio representa el dinero contante.

Karl Clausewitz, *De la guerra.*

Mientras la guerra se considere como una cosa malvada, conservará su encanto. Cuando se la considere vulgar, dejará de ser popular.

Oscar Wilde, *El crítico como artista.*

Non vi indugiate, miseri: ché più si consuma un dì nella guerra, che molti anni non si guadagna in pace; e picciola è quella favilla, che a distruzione mena un gran regno.
No os engañéis, míseros: que más se destruye en un día de guerra de lo que se gana en muchos años de paz; y pequeña es la chispa que provoca la destrucción de un gran reino.

Dino Compagni, *Crónica.*

Por lo tanto, la guerra no es solamente un acto político, sino un verdadero instrumento de la política, una continuación del procedimiento político con otros medios.

Karl Clausewitz, *De la guerra.*

Puesto que la guerra no es un acto de pasión ciega, sino que, al contrario, predomina el objetivo político, es el valor de este último el que debe servir de medida a la grandeza de los sacrificios a los que estamos dispuestos a someternos.

Karl Clausewitz, *De la guerra.*

Todavía no ha habido una guerra que, si los hechos se hubieran expuesto con calma al hombre de la calle, no se hubiera podido evitar. El hombre de la calle es la defensa más eficaz contra la guerra.

Ernest Bevin, discurso en la Cámara de los Comunes, noviembre de 1945.

«Si todos lucharan sólo según las propias opiniones, no habría guerra», dijo el príncipe Andrea. «Y eso sería una muy buena cosa», respondió Pierre.

León Tolstoi, *Guerra y paz.*

HEROÍSMO

Creer en el heroísmo favorece la aparición de héroes.

Benjamin Disraeli,
conde de Beaconsfield, *Coningsby*.

Desventurada la tierra que necesita de los héroes.

Bertolt Brecht, *Galileo Galilei*.

Existen héroes tanto en el bien como en el mal.

François de La Rochefoucauld, *Máximas*.

Hay un único heroísmo en el mundo: ver el mundo tal como es y amarlo.

Romain Rolland, *Vida de Miguel Ángel*.

Les héros ne sentent pas bon!
¡Los héroes no desprenden un buen olor!

Gustave Flaubert, *La educación sentimental*.

Para el asistente no existe un gran hombre porque el asistente tiene su propia idea sobre la grandeza.

León Tolstoi, *Guerra y paz*.

Un héroe es el que hace lo que puede.

Romain Rolland, *Jean-Christophe*.

Un héroe no puede ser un héroe si no es de forma heroica.

Nathaniel Hawthorne, *Diario*.

El mayor obstáculo para ser heroicos es la duda sobre si no estamos aquí para mostrarnos como cretinos. El heroísmo verdadero es resistir a la duda. La sabiduría más profunda es saber cuándo se tiene que resistir a la duda y cuándo, en cambio, es necesario creer en ella.

Nathaniel Hawthorne,
La granja de Blithedale.

Es mucho más sencillo (...) ser un héroe que un caballero. Se puede ser héroe de vez en cuando y caballero se tiene que ser siempre.

Luigi Pirandello, *Il piacere dell'onestà*.

La fama de los héroes corresponde un cuarto a su audacia; dos cuartos a la suerte, y el otro cuarto a sus delitos.

Ugo Foscolo, *Últimas cartas de Jacobo Ortiz*.

Los héroes (...) eran en sumo grado torpes y fieros (...), de poco entendimiento, de grandes fantasías, de violentísimas pasiones.

Giambattista Vico, *Ciencia nueva*.

«No hay héroe para su asistente» es una conocida sentencia; yo he añadido —y Goethe lo ha repetido diez años más tarde—, no porque el héroe no sea un héroe, sino porque el asistente es un asistente.

Georg Wilhelm Friedrich Hegel,
Lecciones sobre la filosofía de la historia.

HIJOS

Para hablar

El hijo sabio alegra al padre, pero el bobo entristece a su madre.

Proverbios, 10, 1.

Los hijos, dicen, / no sólo se deben hacer; / queda el incordio / de educarlos.

Giusti, Preterito più che perfetto
del verbo pensare.

Los hijos son las anclas de la vida de una madre.

Sófocles, Fedra.

On est toujours l'enfant de quelqu'un.
Se es siempre el hijo de alguien.

Pierre Agustín Caron de Beaumarchais,
Las bodas de Fígaro (el juez Brid'oison).

Un hijo estúpido es peor que uno vicioso, porque no quedan esperanzas de que cambie.

Shu Shueh Mou, El libro de un cínico.

Para escribir

Cuando los padres hacen demasiado por sus hijos, lo que sucede es que al final no hacen lo suficiente por ellos mismos.

L. Ron Hubbard.

Los hijos alivian el cansancio, pero hacen que se amen más las desgracias; aumentan las preocupaciones de la vida, pero calman el pensamiento de la muerte.

Francis Bacon, Ensayos.

No debemos desesperarnos con un adolescente hasta que llega a la pubertad. Los hijos adquieren sólo entonces el desarrollo de sus facultades y sólo entonces se puede hacer un juicio sobre ellos.

Napoleón.

Un hijo (...) tiene que vivir en nuestra casa como un extraño aventurero y feliz.

Pietro Citati, reseña
de la Autobiografía de Monaldo Leopardi
(Il Giorno, 28 de julio de 1971).

HISTORIA

Para hablar

El hombre (...) no es totalmente culpable puesto que no ha empezado la historia; ni tampoco totalmente inocente puesto que la continúa.
Albert Camus, *El hombre en rebeldía.*

Escribir la historia es una forma de desembarazarse del pasado.
Johann Wolfang von Goethe,
Máximas y reflexiones.

Et voilà justement comm on écrit l'histoire.
Exactamente así se escribe la historia.
Voltaire, *Charlot.*

La historia, como un idiota, se repite mecánicamente.
Paul Morand, *Fermé la nuit.*

La historia del mundo es la historia de unos pocos privilegiados.
Henry Miller, *Sunday after the war.*

La historia es una galería de cuadros donde vemos pocos originales y muchas copias.
Alexis de Tocqueville,
El antiguo Régimen y la Revolución.

La historia está hecha de los vencedores.
Niccolò Rodolico, *I Ciompi*, prólogo.

La historia no se repite si no es en la mente de quien no la conoce.
Gibran Jalil Gibran, *Dichos espirituales.*

L'histoire n'est que le tableau des crimes et des malheurs.
La historia no es más que el cuadro de los delitos y de las desgracias.
Voltaire, *Cándido.*

Lo que la fábula ya ha inventado, la historia a veces lo reproduce.
Victor Hugo, *Los burgraves,* prólogo.

Los hombres que razonan siempre no hacen la historia.
Giovanni Gentile, *Il liberalismo di Cavour.*

Nuestra historia es la historia de nuestra alma; y la historia del mundo es la historia del alma humana.
Benedetto Croce,
La historia como pensamiento y acción.

¿Quién lee la historia si no los historiadores cuando corrigen sus esbozos?
Alejandro Dumas.

Rigurosamente, no existe la historia; sólo la biografía.

Ralph W. Emerson, *Ensayos escogidos.*

Para escribir

Cuando se trata de historia antigua no se puede hacer historia porque faltan documentos. Cuando se trata de historia reciente, no se puede hacer historia porque nos desbordan los documentos.

Charles Péguy, *Clio.*

Historia est testis temporum, lux veritatis, vita memoriae, magistra vitae, nuntia vetustatis.
La historia es testimonio de los tiempos, luz de la verdad, vida de la memoria, maestra de la vida, nuncio de la antigüedad.

Marco Tulio Cicerón, *De oratore.*

La historia enseña la fecundidad del sacrificio, celebra el triunfo de la espiritualidad, utiliza todos los egoísmos para afirmar una integridad social.

Piero Gobetti,
Coscienza liberale e classe operaia.

La historia es, dicen, el breviario de los reyes; de la forma en la que gobiernan los reyes, se ve bien que su breviario no vale nada.

Claude-Henri de Rouvroy,
Mémoire sur la science de l'homme.

La historia (...) es, en definitiva, poco más que un registro de los delitos, locuras y desgracias de la humanidad.

Edward Gibbon, *Historia de la decadencia
y ruina del imperio romano.*

La historia no es más que el esfuerzo desesperado de los hombres por dar cuerpo a los más clarividentes de entre sus sueños.

Albert Camus, *Actuelles I.*

No existe ninguna gran página de la historia inmune a la contaminación; no existe ningún gran acontecimiento que no tenga sus degeneraciones. En la historia, el sublime y el mediocre se dan la mano; la diferencia se encuentra en que el sublime se queda y el mediocre desaparece.

Pietro Nenni, discurso parlamentario
del 17 de noviembre de 1949.

No somos nunca totalmente contemporáneos de nuestro presente. La historia avanza enmascarada; entra en escena con la máscara de la escena precedente, y nosotros no entendemos ya nada del drama que se está representando.

Régis Debray, *¿Revolución en la revolución?*

Si al mundo volviéramos los mismos hombres tal como se repiten los mismos acontecimientos, no pasarían nunca cien años sin que nos encontrásemos otra vez juntos haciendo las mismas cosas que ahora.

Nicolás Maquiavelo, *Clicia*, prólogo.

HOMBRE

Para hablar

Ad imaginem (...) Dei factus est homo.
Dios hizo al hombre a su imagen y
semejanza.
Génesis, 9, 6.

El hombre es un pequeño mundo.
Demócrito, fragmento.

Cada hombre es un abismo; nos ma-
reamos si miramos dentro.
Georg Büchner, *Woyzeck*.

Convertirse en un hombre es un arte.
Novalis, *Fragmentos*.

Dios no quiere que los hombres pidan
mucho a sí mismos. Quiere que sean
felices.
Waslaw Nijinski, citado por Henry Miller,
The wisdom of the heart.

El hombre es bueno cuando hace
mejores a los demás.
Proverbio ruso.

El hombre es el pastor del ser.
Martin Heidegger, *Carta sobre el humanismo*.

El hombre es la única criatura que
rechaza ser lo que es.
Albert Camus, *El hombre en rebeldía*.

El hombre es la medida de todas las
cosas: de las que son, en cuanto son,
de las que no son y en cuanto no son.
Protágoras, citado por Diógenes
Laercio, *Vidas de filósofos*.

El hombre es un animal que razona.
Lucio Anneo Séneca, *Cartas a Lucilio*.

El hombre es un animal social.
Baruch de Spinoza, *Ética*.

El hombre es un animal social que de-
testa a sus semejantes.
Delacrois, *Diario*.

El hombre es una pasión inútil.
Jean-Paul Sartre, *El ser y la nada*.

El hombre es un roble. La naturaleza
no tiene robles tan robustos.
Conde de Lautréamont,
Los cantos de Maldoror.

El hombre es un bípedo implume.
Platón, atribuido.

El hombre es un milagro sin interés.
Jean Rostand, *Inquietudes de un biólogo*.

El hombre fue creado ávido, impaciente en la desventura, ingenioso en la prosperidad.

Corán.

El hombre no es un ser natural: es un ser natural humano.

Karl Marx,
Manuscritos económico-filosóficos de 1844.

El más útil de los hombres es aquel que está distante de la gente.

Gibran Jalil Gibran, *Dichos espirituales.*

El mejor de entre los hombres es aquel que enrojece cuando lo alabas y se queda en silencio cuando lo difamas.

Gibran Jalil Gibran, *Dichos espirituales.*

El mundo ha empezado sin el hombre y acabará sin él.

Claude Lévi-Strauss, *Tristes trópicos.*

En cualquier parte que estén los hombres, allí vivirán también los dioses.

Gottfried Benn, *Problemas de la lírica.*

Érase una vez una pobre serpiente que coleccionaba todas sus pieles. Era el hombre.

Jean Giraudoux, *Sodoma y Gomorra.*

Existen muchas cosas terribles, pero nada es más terrible que el hombre.

Sófocles, *Antígona.*

God made him, and therefore let him pass for a man.
Dios lo ha creado y, por lo tanto, dejamos que pase por un hombre.

William Shakespeare,
El mercader de Venecia, acto I, escena II.

Homo proponit, sed Deus disponit.
El hombre propone, pero Dios dispone.

Tomás de Kempis, *La imitación de Cristo.*

L'homme s'agite, mais Dieu le mène.
El hombre se mueve pero Dios lo conduce.

Fénelon,
Sermón sobre la vocación de los gentiles.

Limitado en su naturaleza, infinito en sus deseos, el hombre es un dios decaído que recuerda el cielo.

Alphonse de Lamartine, *Meditaciones poéticas.*

Man is a tool-making animal.
El hombre es un animal fabricante de utensilios.

Benjamin Franklin.

Ningún hombre es una isla por sí mismo; todos somos parte del continente, un pedazo de tierra firme.

John Donne, *Devociones.*

O miseras hominum mentes, o pectora caeca.
O míseras mentes de los hombres, o ciegos corazones.

Tito Lucrecio Caro,
De la naturaleza de las cosas, II, 13.

Podemos decirlo: ¿el hombre ha hecho, en su género, tanto bien como el Dios en el que cree?

Joris-Karl Huysmans, *A contrapelo*.

Si existieran dos hombres perfectamente iguales, el mundo no sería tan grande como para acogerlos a los dos.

Gibran Jalil Gibran, *Dichos espirituales*.

Todos los hombres son monstruos. No se puede hacer nada más que alimentarlos bien. Un buen cocinero hace milagros.

Oscar Wilde, *Paradoja y genio: aforismos*.

Un verdadero hombre de cultura no cree nunca tener razón hasta el fondo.

Giansiro Ferrata, inédito.

Uomini siate, e non pecore matte.
Sed hombres y no cabras locas.

Dante Alighieri, *Paraíso*, V, 80.

Para escribir

Los días del hombre son como la hierba: / crece como las flores del campo, / pero el viento lo toca y desaparece, / y no se reconoce el lugar donde estaba.

Salmos, 103, 15-16.

El hombre, considerado desde un punto de vista biológico, es el más formidable de los animales de presa, el único que devora sistemáticamente la propia especie.

William James, *Memorias y estudios*.

El hombre es un animal noble, espléndido en sus cenizas y pomposo en su sepulcro, que celebra nacimientos y muertes con igual solemnidad, y no olvida exaltar durante las ceremonias la infamia de su propia naturaleza.

Thomas Browne.

El hombre no es más que una caña, el ser más débil de la naturaleza: pero es una caña que piensa. No es necesario que el universo entero se arme para hundirlo: un vapor, una gota de agua son suficientes para matarlo. Pero aunque el universo lo eliminara, el hombre sería siempre más noble de aquello que lo mata, porque sabe que muere, y sobre la ventaja que tiene sobre él, el universo no sabe nada.

Blaise Pascal, *Pensamientos*.

El hombre, traído al mundo por una mujer, / tiene una vida breve pero llena de ansiedades. / Aparece como un brote, se marchita, / huye como la sombra, nada queda.

Job, 14, 1-2.

El ser humano es, en el fondo, un animal salvaje y temible. Nosotros lo conocemos sólo domado y domesticado por lo que llamamos la civilización.

Arthur Schopenhauer, *Parerga y paralipomena: escritos filosóficos menores*.

Esta es la historia del hombre: nacimiento, matrimonio y muerte; y luego nacimiento, matrimonio y muerte; y otra vez: nacimiento, matrimonio y muerte. Pero entonces llega un loco de extrañas ideas que habla de un mundo de ensueño en el que seres superiores ven mucho más en sus sueños que no en el nacimiento, en el matrimonio y en la muerte.

Gibran Jalil Gibran, *Dichos espirituales.*

Los hombres pueden parecer detestables presos en sociedades comerciales y en naciones, pueden existir entre ellos algunos canallas, estúpidos y asesinos, pueden tener caras cobardes y esmirriadas, pero el hombre, en el ideal, es muy noble y muy espléndido, es una criatura tan grande y radiante, que por encima de cada uno de sus defectos de deshonra todos los compañeros deberían apresurarse a lanzar sus mantos más preciados.

Herman Melville, *Moby Dick.*

¡Los hombres! ¡Santa paciencia! Si algún día aprenden a volar, como un gorrioncillo cualquiera, ¡no dejarán nunca de presumir sobre ello!

Hugh Lofting, *El fabuloso doctor Dolittle.*

Los hombres son demasiado resistentes, este es su peor problema. Pueden hacerse demasiado daño a sí mismos. Duran demasiado.

Bertolt Brecht, *En la jungla de las ciudades.*

No existe en el mundo el hombre. En mi vida he visto franceses, italianos, rusos, etc.; sé incluso, gracias a Montesquieu, que se puede ser persa, pero respecto al hombre, declaro no haberlo encontrado nunca; si existe, yo no lo conozco.

Joseph de Maistre,
Consideraciones sobre Francia.

Porque, ¿qué es el hombre en la naturaleza? Una nada frente al infinito, un todo frente a la nada, algo entre la nada y el todo.

Blaise Pascal, *Pensamientos.*

Para cada uno de nosotros existe un día, más o menos triste, más o menos lejano, en el que debemos finalmente aceptar que somos hombres.

Jean Anouilh, *Antígona.*

Que el hombre sea la criatura más noble del mundo, se puede deducir por el hecho de que ninguna otra criatura lo ha contradicho sobre este punto.

Lichtenberg, *Observaciones y pensamientos.*

Se puede considerar al hombre como un animal de especie superior que produce filosofías y poemas aproximadamente como los gusanos de seda realizan sus capullos y las abejas sus colmenas.

Hippolyte Taine, *La Fontaine y sus fábulas.*

HONOR

Para hablar

El honor es como las cerillas: sirve una única vez.

Marcel Pagnol, *Marius.*

El honor no se puede eliminar; sólo se puede perder.

Anton Pavlovich Chejov, *Cuadernos.*

L'Honneur tient souvent à l'heure que marque la pendule.
El honor depende a menudo de la hora que marca el péndulo.

Guillaume Apollinaire,
«Lundi rue Christine», de *Caligramas.*

Mais sans argent l'honneur n'est qu'une maladie.
Pero sin dinero el honor no es más que una enfermedad.

Racine, *Los litigantes.*

Para escribir

El honor es algo tan venerable porque no es actual; ha sido siempre una virtud antigua.

Friedrich Nietzsche,
El nihilismo: fragmentos póstumos.

Ese prejuicio tan ridículo que en la época de Madame de Sévigné se llamaba honor y consiste sobre todo en sacrificar la vida al servicio del amo del que se ha nacido como súbdito.

Stendhal, *La abadesa de Castro.*

Summum crede nefas anima praeferre pudori, / et propter vitam vivendi perdere causas.
Considera una máxima culpa anteponer la vida al honor, / y perder, para conservar la vida, las razones de vivir.

Decio Junio Juvenal, *Sátiras*, VIII, 83.

HONRADEZ

Para hablar

La honradez es la mejor política.

Miguel de Cervantes,
Don Quijote de la Mancha.

No sé cómo es la vida de un sinvergüenza, no lo he sido nunca, pero la de un hombre honrado es abominable.

Joseph de Maistre,
Carta al caballero de Saint-Réal.

Probitas laudatur et alget.
La honradez es alabada y muere de hambre.

Decio Junio Juvenal, *Sátiras*, I, 74.

Ser completamente honrados consigo mismos es un buen ejercicio.

Sigmund Freud, *Los orígenes del psicoanálisis*.

Un hombre honrado es la obra más noble de Dios.

Pope, *Ensayo sobre el hombre*.

Para escribir

Cuando el hombre honrado actúa, le es imposible evitar la mentira y la traición. El hombre honrado es un contemplativo.

Edmond Jaloux, *La branche morte*.

El mundo está lleno de personas honradas. Se reconocen por el hecho de que cumplen las malas acciones con más torpeza.

Charles Péguy, *El dinero*.

La honradez, que impide a los mediocres alcanzar sus objetivos, para los hábiles es un medio para conseguirlo.

Vauvenargues, *Reflexiones y máximas*.

No existe un hombre en el mundo que, transformándose en bribón por mil táleros, no hubiera preferido permanecer honrado por la mitad de la cantidad.

Lichtenberg, *Observaciones y pensamientos*.

IDEA

Para hablar

Cada uno llama ideas claras a las que tienen el mismo grado de confusión que las suyas.

Marcel Proust,
A la sombra de las muchachas en flor.

El hecho de que un hombre se inmola por una idea, no prueba en ningún caso que esa idea sea verdadera.

Oscar Wilde, *Paradoja y genio: aforismos.*

Las ideas fijas son como calambres, por ejemplo en un pie... El mejor remedio es caminar por encima.

Soren Kierkegaard, *Diario de un seductor.*

Las ideas se parecen de forma increíble cuando se conocen.

Samuel Beckett, *Malone muere.*

Las ideas son las contrarias del pensamiento.

Albert Camus, *El mito de Sísifo.*

Las mejores ideas son propiedad de todos.

Lucio Anneo Séneca, *Cartas a Lucilio.*

Le vrai Dieu, le Dieu fort, est le Dieu des idées.

El verdadero Dios, el Dios fuerte, es el Dios de las ideas.

Alfred de Vigny,
«La botella en el mar», de *Los destinos.*

No existe una idea nacida de un espíritu humano que no haya hecho correr ríos de tinta.

Charles Maurras, *La dentelle du rempart.*

No son las ideas lo que me asusta sino las caras que representan estas ideas.

Leo Longanesi, «1944 Roma»,
de *Parliamo dell'elefante.*

No existe una idea que no lleve en ella su posible impugnación.

Marcel Proust, *Albertine desaparecida.*

Nada es más peligroso que una idea cuando es la única que tenemos.

Alain, *Système des beaux arts.*

Se puede resistir a la invasión de los ejércitos; no se resiste a la invasión de las ideas.

Victor Hugo, *Histoire d'un crime.*

Todas las ideas que tienen enormes consecuencias son siempre ideas sencillas.

León Tolstoi, *Guerra y paz.*

115

Para escribir

Cuando las ideas son fuertes y originales, es casi seguro que encuentran una expresión estética.

Bernard Berenson,
Los pintores italianos del Renacimiento.

Dos ideas fijas no pueden subsistir juntas en la naturaleza moral, así como en el mundo físico dos cuerpos no pueden ocupar el mismo sitio.

Puskin, *La dama de picas.*

El mundo no está movido, como creen muchos, por los intereses sino por las ideas; y (...) las ideas, que mueven y hacen actuar a los hombres, no es cierto que sean siempre fértiles; es más, no es pequeña la probabilidad de que las ideas generadoras de movimiento sean más fácilmente las infantiles y destructoras pero populares que no las que contienen el espíritu de la verdad.

Luigi Einaudi, «Di alcuni scatoloni vuoti correnti nell'economia agraria italiana», de *Prediche inutili.*

Ideas en poesía; el poeta lleva como un triunfo sus ideas en el carro del ritmo: normalmente porque no son capaces de ir a pie.

Friedrich Nietzsche,
Humano, demasiado humano.

La idea paga el tributo de la existencia y de la caducidad no de su bolsillo, sino con las pasiones de los individuos.

Georg Wilhelm Friedrich Hegel,
Lecciones sobre la filosofía de la historia.

La idea puede dormirse un momento. Si se le impide mostrarse a la luz puede minar el terreno, aunque para aparecer muy pronto y más vigorosa que al principio.

Piotr Alexeievich Kropotkin,
Memorias de un revolucionario.

Las ideas claras y precisas son las más peligrosas porque entonces ya no nos atrevemos a cambiarlas; y se trata de una anticipación de la muerte.

André Gide, *Pretesti.*

Me parece que nuestra historia es siempre la misma: con la alegría de haber realizado la mínima parte de una idea, dejamos inconclusa la mayor parte.

Robert Musil, *El hombre sin atributos.*

Tanto en el marco económico, como en el político, como en el religioso, las ideas no se combaten de forma eficaz si no es con las ideas y los principios con los principios.

Cavour, discurso parlamentario,
15 de abril de 1851.

Una idea que no es peligrosa no es digna de llamarse idea.

Oscar Wilde, *Paradoja y genio: aforismos.*

Uno de entre los mayores sufrimientos de la naturaleza humana es el sufrimiento procedente de una idea nueva.

Walter Bagehot, *Fisica e politica.*

ILUSIÓN

Para hablar

Cuando he perdido todas las ilusiones, las busco.

Giovanni Boine, *Pensieri e frammenti.*

Coger sin ilusiones, dejar sin dificultad.

Marco Aurelio,
Soliloquios o reflexiones morales.

De entre nuestros cálculos, los más peligrosos son los que llamamos ilusiones.

Georges Bernanos, *Diálogos de Carmelitas.*

No hay nada más fácil que hacerse ilusiones, puesto que el hombre cree que es verdadero lo que desea.

Demóstenes, *Olínticas.*

Para escribir

La ilusión es la grama más tenaz de la conciencia colectiva; la historia enseña pero no tiene alumnos.

Antonio Gramsci, «Italia e Spagna»,
en *Ordine nuovo.*

La ilusión es un efecto necesario de las pasiones, cuya fuerza se mide casi siempre por el grado de ceguera en la que nos lanzan.

Claude Adrien Helvétius, *Del espíritu.*

Parece una absurdidad pero es exactamente verdad que, al ser todo lo real una nada, no hay nada más real ni nada más sustancioso en el mundo que las ilusiones.

Giacomo Leopardi,
Zibaldone.

INMORTALIDAD

Para hablar

Cada día cambiamos, cada día morimos y sin embargo soñamos con ser eternos.

San Jerónimo, *Epístolas.*

Desear la inmortalidad es desear la perpetuación eterna de un gran error.

Arthur Schopenhauer,
El mundo como voluntad y representación.

Sentimos y también sabemos que somos eternos.

Baruch de Spinoza, *Ética.*

Ser inmortal es poca cosa, todas las criaturas lo son puesto que ignoran la muerte.

Jorge Luis Borges, «El Aleph»,
en *Otras inquisiciones.*

Para escribir

Preguntad a cualquier persona sincera y que ya no sea joven y muy probablemente os dirá que, al haber experimentado la vida en este mundo, no tendría ganas de empezarla en otro.

Bertrand Russell, *Ensayos impopulares.*

Si destruyeras en el hombre la fe en la inmortalidad, no solamente el amor sino también todas las fuerzas vivas que mantienen con vida el mundo se secarían.

Fiodor Mijailovich Dostoievski,
Los hermanos Karamazof.

Si mi firme persuasión de que el alma es inmortal tuviera que revelarse como una ilusión (...) la mantendría conmigo hasta el último respiro.

Marco Tulio Cicerón, *De senectute.*

INTELIGENCIA

Para hablar

El máximo sueño de la inteligencia es la duda.

François Mauriac.

Existen cosas que la inteligencia es capaz de buscar pero que, por sí sola, no encontrará nunca.

Henri Bergson, *La evolución creadora*.

La inteligencia es el mito, el orgullo, una de las fuentes de satisfacción de los pueblos decaídos.

Ennio Flaiano, *La saggezza di Pickwick*.

La inteligencia es la facultad gracias a la cual nos abstenemos.

Montherlant, *Carnets*.

La inteligencia es invisible para el hombre que no la posee.

Arthur Schopenhauer, *Aforismos sobre la sabiduría de la vida*.

La inteligencia es una categoría moral.

Theodor W. Adorno, *Minima moralia*.

La inteligencia está caracterizada por una incomprensión natural de la vida.

Henri Bergson, *La evolución creadora*.

La más peligrosa especie de estupidez es una aguda inteligencia.

Hugo von Hofmannsthal, *El libro de los amigos*.

La voz de la inteligencia es una voz sometida, pero no se calla hasta que alguien no la escucha.

Sigmund Freud, *El porvenir de una ilusión*.

Lo que llamamos inteligencia, en la mente de algunos es sólo una inflamación localizada.

Gibran Jalil Gibran, *Dichos espirituales*.

Nada es seguro para la inteligencia, ni siquiera la propia inteligencia.

Montherlant, *Textos bajo una ocupación*.

Nullum magnum ingenium sine mixtura dementiae fuit.
No existió nunca un gran ingenio sin un poco de locura.

Lucio Anneo Séneca, *De tranquillitate animi*.

Para escribir

La inteligencia es inmensidad; asume cada vez más en el mundo moderno una calidad espacial. Ser inteligentes actualmente significa convivir natural-

119

mente con ideas medidas sobre el metro del mundo.

Guido Piovene, *De America.*

La inteligencia es para las emociones como los vestidos son para el cuerpo: no podríamos tener vida civil sin los vestidos, pero nos encontraríamos en una triste condición si tuviéramos vestidos pero no cuerpos.

Alfred North Whitehead,
Dialogues of Alfred North Whitehead.

Las inteligencias más al alcance de la mano, si son más eficaces, más constantes, más productivas que las del grado inferior, se mueven con menor rapidez y son más impacientes y más dudosas en los primeros pasos de su progresión.

Edgar Allan Poe, «La carta robada»,
en Narraciones extraordinarias.

No debemos pretender entender el mundo sólo con la inteligencia: lo conocemos, en la misma medida, a través del sentimiento. Por lo tanto, el juicio de la inteligencia es, en el mejor de los casos, sólo la mitad de la verdad.

Carl G. Jung, *Tipos psicológicos.*

JUSTICIA

Beati qui esuriunt et sitiunt justitiam: quoniam ipsi saturabuntur.
Bienaventurados los hambrientos y sedientos de justicia porque serán saciados.

Mateo, 5, 6.

Beati qui persecutionem patiuntur propter iustitiam: quoniam ipsorum est regnum coelorum.
Bienaventurados los perseguidos a causa de la justicia porque de ellos es el reino de los cielos.

Mateo, 5, 10.

En la mayor parte de los hombres, el amor por la justicia no es más que el temor de sufrir la injusticia.

François de La Rochefoucauld, *Máximas.*

Ex silentio nutriur iustitia.
La justicia se nutre de silencio.

San Buenaventura, *Sobre la vid perfecta.*

Fiat iustitia et pereat mundus.
Que se haga justicia y que el mundo se derrumbe.

Fernando de Hasburgo.

Judex damnatus ubi nocens absolvitur.
La absolución del culpable condena al juez.

Publilio Siro, *Sentencias.*

La injusticia es relativamente fácil de soportar; la que realmente quema es la justicia.

Henry Louis Mencken, *Prejudices.*

La justicia es el conjunto de las normas que perpetúan un tipo humano en una civilización.

Antoine de Saint-Exupéry, *Carnets.*

La espada de la justicia no tiene funda.

Joseph de Maistre,
Las veladas de San Petersburgo.

La justicia no es ardor juvenil y decisión enérgica e impetuosa; la justicia es melancolía.

Thomas Mann, *Desórdenes y dolores precoces.*

Lo más horrendo que existe en el mundo es la justicia separada de la caridad.

François Mauriac, *L'affaire Favre-Bulle.*

121

Summum ius summa iniuria.
Sumo derecho, suma injusticia.

Antiguo aforismo jurídico.

Para escribir

El juez no debería ser joven; debería haber aprendido a conocer el mal, no de su alma sino de una larga observación de la naturaleza del mal en los demás; su guía debería ser el conocimiento y no la experiencia personal.

Platón, *La república.*

Hay una sola cosa peor que la injusticia: la justicia sin la espada en la mano. Cuando el derecho no es la fuerza está mal.

Oscar Wilde, *Paradoja y genio: aforismos.*

La giustizia de sto mond / la someja a quij ragner / ordii in long, tessuu in redond, / che se treuva in di tiner. / Dininguarda a mosch moschitt / che ghe barzega un poo arent; / purghen subit el delit / malappena ghe dan dent. / All'incontra i galavron / sbusen, passen senza dagn, / e la gionta del scarpon / la ghe tocca tutta al ragn.
La justicia de este mundo / se parece a esas telarañas / urdidas con mucho tiempo, tejidas formando un círculo / que se encuentran en las bodegas. / Que Dios guarde a las moscas o a los mosquitos / que se atreven a acercarse a ellas / porque purgan enseguida su delito / quedándose pegadas a ellas. / En cambio, los abejorros las agujerean, / pasan sin hacerse daño, / y la juntura de la bota le toca toda a la araña.

Porta, soneto «La giustizia de sto mond».

La justicia es humana, toda humana, nada más que humana; es un error llevarla, de cerca o de lejos, directa o indirectamente, a un principio superior o anterior a la humanidad.

Pierre-Joseph Proudhon,
La injusticia en la Revolución y en la Iglesia.

La lluvia cae igualmente sobre el justo y sobre el injusto; pero en general el hombre injusto se mueve equipado con la sombrilla del justo.

Pitigrilli.

Las persecuciones no hacen sufrir al justo, ni le hacen sentirse arruinado por las opresiones si se encuentra sobre el lado justo de la verdad. Sócrates sonreía bebiendo el veneno; y Esteban hacía lo mismo mientras lo apedreaban. Lo que realmente hace daño es nuestra conciencia que sufre si nos ponemos en su contra y muere si la traicionamos.

Gibran Jalil Gibran, *Dichos espirituales.*

Mientras se vea a alguien en la antecámara de los juicios y de los tribunales, el gobierno no vale nada. Es un horror que nos veamos obligados a pedir justicia.

Louis Antoine León Saint-Just,
Fragmentos sobre la instituciones republicanas.

JUVENTUD

Para hablar

Después de todo, es necesario tener una juventud. Lo menos importante es la edad en la que se decide ser jóvenes.

Henri Duvernois, *La brébis galeuse.*

El signo de la juventud es quizás una magnífica vocación para las felicidades simples.

Albert Camus, *Bodas.*

La juventud cambia de gusto por la ebullición de la sangre y la vejez conserva sus gustos por la fuerza de la costumbre.

François de La Rochefoucauld, *Máximas.*

La juventud es la pasión por lo inútil.

Jean Giono, *El canto del mundo.*

La juventud es un estado de embriaguez continuo: es la fiebre de la razón.

François de La Rochefoucauld, *Máximas.*

Los jóvenes tienen casi todo el coraje de las opiniones ajenas.

Ennio Flaiano, *Diario nocturno.*

Le vrai trésor de l'homme est la verte jeunesse, / le reste des nos ans ne sont que des hivers.

El verdadero tesoro del hombre es la verde juventud, / el resto de nuestros años no son más que un largo invierno.

Pierre de Ronsard, «Elégie», de *Sonetos para Helena.*

Mejor malgastar la juventud que no quedarse sin hacer nada de nada.

Georges Courteline, *La filosofía de Georges Courteline.*

No sirve ser joven sin ser guapa, ni ser bonita sin ser joven.

François de La Rochefoucauld, *Máximas.*

Si es verdad que la juventud es un defecto, nos damos cuenta enseguida.

Johann Wolfang von Goethe, *Máximas y reflexiones.*

Un joven no debe comprar valores seguros.

Jean Cocteau, *Le Coq et l'Arlequin.*

Para escribir

Durante la juventud los hombres escriben cosas más sensatas de las que realmente saben o sienten; y podrían utilizarlo de forma ociosa el resto de la vida para darse cuenta y convencerse de la sabiduría de lo que dijeron hace tanto tiempo.

Nathaniel Hawthorne, *L'immagine di neve.*

Es necesario que los jóvenes, al entrar en la vida mundana se muestren o vergonzosos o aturdidos. Un aspecto franco y suficiente se convierte normalmente en una impertinencia.

François de La Rochefoucauld, *Máximas.*

El hombre está condenado o a consumir la juventud sin propósito, que es sólo el tiempo para fructificar para la edad que viene, y pensar en el propio estado; o a gastarla en procurarse placeres para esa parte de su vida en la que él ya no será capaz de disfrutar.

Giacomo Leopardi, *Pensamientos*, XLVII.

La juventud eterna es imposible: aunque no existieran otros obstáculos, la haría imposible la observación de uno mismo.

Franz Kafka, *Diarios.*

La juventud no consiste en cambiar continuamente de opiniones y en cambiar los sentimientos, sino en el sentir cotidianamente, con el contacto con la vida, la fuerza y la tenacidad de esas ideas y de esos sentimientos.

Jean-Paul Sartre.

Las pasiones de la juventud no son realmente más contrarias a la salud del alma que la tibieza de los ancianos.

François de La Rochefoucauld, *Máximas.*

Los jóvenes no son sospechosos porque (...) todavía no han visto mucho mal. Son confiados porque todavía no han tenido el tiempo de sufrir el engaño.

Aristóteles, *Retórica.*

¡Qué bella es la juventud que escapa todavía! ¡Quien quiera ser feliz que lo sea, porque no existe la certeza de un mañana!

Lorenzo de Médicis,
Trionfo di Bacco e Arianna.

LECTURA

Para hablar

Conversar con hombres de otros siglos es casi lo mismo que viajar.

Descartes, *Discurso del método*.

Cuando se lee demasiado deprisa o demasiado lento no se entiende nada.

Blaise Pascal, *Pensamientos*.

Es necesario saber escribir, pero saber leer, no importa.

Andrea Zanzotto, «L'elegia in petèl», de *La beltà*.

Existen muchas personas que leen para no tener que pensar.

Lichtenberg, *Osservazioni e pensieri*.

La gente dice que lo que cuenta es vivir, pero yo prefiero leer.

Logan Pearsall Smith, *Afterhoughts*.

La lectura completa al hombre (...) y escribir le proporciona exactitud.

Francis Bacon, *Ensayos*.

Laudant illa sed ista legunt.
Alaban a esas, pero leen estas.

Marcial, *Epigramas*, IV, 49, 10.

Para escribir

Cada lector, cuando lee, se lee a sí mismo. La obra del escritor es sólo una especie de instrumento óptico que él ofrece al lector para permitirle discernir lo que, sin libro, no habría visto seguramente en sí mismo.

Marcel Proust, *En busca del tiempo perdido*.

No se debe leer, como hacen los niños, para divertirse o, como los ambiciosos, para instruirse. No, se debe leer para vivir.

Gustave Flaubert, carta a mademoiselle de Chantepie, junio de 1857.

Perfectamente observado es lo que digo cuando leo en un escritor un fragmento en el que su opinión concuerda con la mía. Cuando no estamos de acuerdo declaro que se ha equivocado.

Swift, *Pensamientos sobre diversas cuestiones*.

Un hombre debería dejarse guiar por su inclinación en las lecturas; lo que lee por una especie de sentido del deber le proporcionará muy poca ventaja.

Samuel Johnson, de Boswell, *Vida del doctor Samuel Johnson*.

LENGUAJE

Para hablar

Cada rechazo del lenguaje es una muerte.

Roland Barthes, *Mitologies*.

El lenguaje es poesía fósil.

Ralph W. Emerson, *Ensayos escogidos*.

La lengua, cuando no es la de una mujer, es una buena cosa.

Charles Dickens, *Los papeles póstumos del club Pickwick*.

La lengua que se habla peor es aquella con la que menos se puede mentir.

Friedrich Hebbel, *Diario*.

Para escribir

Me entristece siempre que se pierda una lengua, porque las lenguas son el pedigrí de las naciones.

Samuel Johnson, de Boswell, *Viaje a las islas Hébridas*.

Un emperador cambió las costumbres de los chinos modificando la lengua: esto es algo que no parece imposible. Existe una fuerza del lenguaje, pero es necesario saber dónde aplicarla. Existen diversos tipos de palancas, y no se levanta un bloque de piedra con un cascanueces.

Raymond Queneau, *Bâtons, chiffres et lettres*.

LIBERTAD

Para hablar

El que soporta con paciencia el fardo de la esclavitud es libre.

Gibran Jalil Gibran, *Dichos espirituales.*

Ita in maxima fortuna minima licentia est.
De esta forma en la suerte más favorable, la libertad de acción se reduce al mínimo.

Salustio, *Conjuración de Catilina.*

La libertad abstracta, como las demás abstracciones, no existe.

Edmund Burke, discurso del 22 de marzo de 1775.

La libertad en singular existe sólo en las libertades en plural.

Benedetto Croce,
Historia de Europa en el siglo XIX.

La libertad, como la caridad, tiene que empezar en la propia casa.

James Bryant Conant, *Our fighting faith.*

La libertad es el derecho de hacer todo aquello que las leyes permiten.

Charles de Secondat, barón de Montesquieu,
Del espíritu de las leyes.

La libertad es ese bien que permite gozar de los demás bienes.

Charles de Secondat,
barón de Montesquieu, *Cuadernos.*

La libertad es un sistema basado en el coraje.

Charles Péguy.

La libertad es una nueva religión, la religión de nuestro tiempo.

Heine, *Fragmentos ingleses.*

La libertad existe sólo entre fuerzas que luchan aproximadamente al mismo nivel.

Bernard Berenson, *Amanecer y crepúsculo.*

La libertad ha sido un ideal y ahora no puede ser más que un arma.

Antonio Fogazzaro, *Pequeño mundo antiguo.*

La libertad se encuentra sólo en el libro de los sueños.

Friedrich Schiller, *El inicio de un nuevo siglo.*

Las libertades no se conceden, se toman.

Piotr Alekseevich Kropotkin,
Memorias de un revolucionario.

La libertad no se encuentra en el hecho de escoger entre blanco y negro, sino en evadirse a esta elección prescrita.

Theodor W. Adorno, *Mínima moralia.*

La verdadera libertad es poder todo sobre uno mismo.

Michel de Montaigne, *Ensayos.*

L'homme est né libre, et partout il est dans les fers.
El hombre ha nacido libre y por todas partes se encuentra con cepos.

Jean-Jacques Rousseau, *El contrato social.*

Libertà va cercando, ch'è sì cara, / come sa chi per lei vita rifiuta.
Va buscando la libertad, tan querida, / como bien sabe quien por ella no aprecia la vida.

Dante Alighieri, *Purgatorio*, I, 72-73.

No hubo nunca nada, tanto para el hombre como para la sociedad humana, más intolerable que la libertad.

Fiodor Mijailovich Dostoievski,
Los hermanos Karamazof.

No todos los que se burlan de sus cadenas son libres.

Gotthold Ephrain Lessing, *Natán el Sabio.*

O liberté, que de crimes on commet en ton nom!
¡Oh libertad, cuántos crímenes se cometen en tu nombre!

Madame Roland.

Si no se puede prescindir de tener esclavos, ¿no es mejor llamarlos hombres libres?

Albert Camus, *La caída.*

The mountain Nimph, sweet Liberty.
La Ninfa de la montaña, dulce Libertad.

John Milton, *L'allegro.*

¿Quién permanece en pie si cae la libertad?

Rudyard Kipling,
Por todo aquello que tenemos y somos.

Para escribir

Al fin y al cabo es fácil sofocar, en nombre de la libertad exterior, la libertad interior del hombre.

Rabindranath Tagore, *La voz de la verdad.*

Considero la libertad como algo temible y desastroso que es necesario intentar reducir o suprimir en uno mismo antes que nada y, si se puede, incluso en los demás. La esclavitud no aceptada, impuesta, es terrible; la que se nos impone es excelente; a falta de algo mejor, es aquella a la que nos sometemos.

André Gide, *Diario.*

Da la libertad al hombre débil y él mismo se unirá a ti y te la devolverá. Para el corazón débil la libertad no tiene sentido.

Fiodor Mijailovich Dostoievski,
La dispensera.

El «año I de la Libertad» no ha durado nunca más de un día porque al día siguiente los hombres vuelven a esconderse bajo el yugo de la Ley y de la Autoridad.

Piotr Alekseievich Kropotkin,
Memorias de un revolucionario.

El mundo entero aspira a la libertad pero todas las criaturas aman sus cadenas. Esta es la primera paradoja y el nudo inextricable de nuestra naturaleza.

Sri Aurobindo, *Pensamientos y esperanzas*.

El que busca en la libertad algo distinto de la propia libertad, está hecho para servir.

Alexis de Tocqueville, *El antiguo Régimen y la Revolución*.

Existen derechos que sólo merecidos pueden llamarse tales. La libertad no se reclama sino que se quiere: al que la pide vilmente es justo responderle con escupitajos.

Ippolito Nievo, *Le confessioni d'un italiano*.

La fuerza y la libertad hace que los hombres sean excelentes. La debilidad y la esclavitud no han creado más que malvados.

Jean-Jacques Rousseau, *Las ensoñaciones de un paseante solitario*.

La libertad no es algo que se pueda dar; la libertad nos la tomamos y cada uno es tan libre como quiera serlo.

James Baldwin, *Nadie sabe mi nombre*.

La libertad no es más que una posibilidad de ser mejores, mientras la esclavitud es la certeza de ser peores.

Albert Camus, *Resistencia, rebelión y muerte*.

La libertad y otros nombres pomposos se invocan como pretextos; nunca

nadie quiso, sin haber usurpado estas palabras, la esclavitud para los demás y el poder para sí mismo.

Tácito, *Historias*.

Los gobiernos que suprimen la libertad de expresión (...) hacen como esos niños que cierran los ojos para no dejarse ver.

Ludwig Börne, *La libertad de prensa en Baviera*.

Para el hombre, ser libre significa ser reconocido y tratado como tal por otro hombre, por todos los hombres que lo rodean.

Bakunin.

Sólo con el pensamiento el hombre alcanzó la consciencia de su libertad (...) pero sólo con el trabajo la realiza.

Bakunin, Programa de Alianza Internacional de la Democracia Socialista.

Tu proverai sì come sa di sale lo pane altrui, e come è duro calle lo scendere e 'l salir per l'altrui scale.
Sentirás el sabor salado del pan ajeno, y qué duro resulta bajar y subir las escaleras ajenas.

Dante Alighieri, *Paraíso*, XVII, 58/60.

Una sociedad que pretende asegurar a los hombres la libertad, tiene que empezar por garantizarles la existencia.

Léon Blum, *Nuevas conversaciones de Goethe con Eckermann*.

LIBRO

Para hablar

Algunos libros se prueban, otros se tragan y pocos se mastican y se digieren.

Francis Bacon, *Ensayos.*

Algunos libros son inmerecidamente olvidados; no hay ninguno que se recuerde sin merecerlo.

W. H. Auden, *The Dyer's Hand.*

Cave ab homine unius libri.
Cuídate del hombre de un único libro.

Santo Tomás de Aquino.

Galeotto fu il libro e chi lo scrisse.
Angustiado fue el libro y quien lo hiciera.

Dante Alighieri, *Infierno*, V, 137.

Habent sua fata libelli.
Los libros tienen una suerte predeterminada.

Mauro Terenciano,
De litteris, syllabis et metris.

Hacer un libro es menos que nada / si el libro hecho no rehace a la gente.

Giusti, *Epistolario.*

La chair est triste, hélas! et j'ai lu tous les livres.
La carne es triste, ¡ay de mí!, y he leído todos los libros.

Stéphane Mallarmé, «Brise marine»,
de *Poésies.*

Le monde est fait pour aboutir à un beau livre.
El mundo está hecho para acabar en un buen libro.

Stéphane Mallarmé, *Prose diverse.*

Los libros piensan por mí.

Charles Lamb, *Last essays of Elia.*

Los libros son bastante buenos en sí mismos, pero son una pálida sustitución de la vida.

Robert Louis Stevenson,
Virginibus puerisque.

Nullum esse librum tam malum, ut non in aliqua parte prodesset.
No existe un libro tan malo que no pueda ser útil en ninguna de sus partes.

Plinio el Viejo, citado por Plinio
el Joven en una carta.

Odio los libros; enseñan sólo a hablar de lo que no se sabe.

Jean-Jacques Rousseau,
Emilio o De la educación.

Para mí un libro es válido cuando te da la impresión de que el autor habría muerto si no lo hubiera escrito.

T. E. Lawrence, *Correspondencia*.

Sólo dos tipos de libros gustan a todos: los óptimos y los pésimos.

Ford Madox Ford, *Joseph Conrad*.

Para escribir

Cuanto más se amplía nuestro conocimiento de los buenos libros, más se reduce el círculo de los hombres cuya compañía nos agrada.

Anselm von Feuerbach, *Abelardo y Eloísa*.

En los muertos siempre leía alguna cosa nueva, y en los vivos oía replicar mil veces mil cosas viejas.

Anton Francesco Doni, *Diceria dell'inquieto*.

Era un hombre de un único libro. Algunos hombres tienen en sí un solo libro, otros una biblioteca.

Sydney Smith,
citado por Lady Holland, *Memorias*.

Las obras que un escritor hace con placer son a menudo las mejores, como los hijos del amor son los más bellos.

Sébastien-Roch-Nicolas Chamfort,
Máximas, pensamientos, caracteres y anécdotas.

Los libros en el tiempo (...) son como los telescopios en el espacio: así los unos y los otros acercan los objetos lejanos.

Francesco Algarotti,
carta al padre Giambattista Roberti.

Los libros tienen los mismos enemigos que el hombre: el fuego, la humedad, las bestias, el tiempo y su mismo contenido.

Paul Valéry, *Estudios literarios*.

Los verdaderos libros tienen que ser hijos no de la luz y de las charlas, sino de la oscuridad y del silencio.

Marcel Proust, *En busca del tiempo perdido*.

Para escribir un libro malo se tarda lo mismo que para escribir uno de bueno; y el libro malo viene con la misma sinceridad del alma del autor.

Aldous Huxley, *Contrapunto*.

Sunt bona, sunt quaedam mediocria, sunt mala plura / quae legis hic. Aliter non fit, Avite, liber.
Entre las cosas que lees aquí, algunas son buenas, otras mediocres, la mayor parte malas. Así y no de otro modo, Avito, están hechos los libros.

Marco Valerio Marcial, *Epigramas*, I, 16.

Un libro donde se encuentran teorías es como un objeto sobre el que se deja el cartel del precio.

Marcel Proust, *En busca del tiempo perdido*.

Un libro es un espejo. Si miramos a un mono, la que aparece no es evidentemente la imagen de un apóstol.

Lichtenberg, *Observaciones y pensamientos*.

LITERATURA

Para hablar

Hacer buena literatura es como nadar bajo el agua conteniendo la respiración.

Francis Scott Fitzgerald, *Cuadernos.*

(La literatura) cuando abandona su propia alma encuentra el propio destino.

Giorgio Manganelli,
La letteratura como menzogna.

La literatura es la gran insidia de las demás artes.

Tito A. Spagnol,
Memoriette marziali e veneree.

La literatura es para la poesía como la mentira para la verdad.

Umberto Saba,
Quello che resta da fare ai poeti.

La literatura es uno de los caminos más tristes que llevan por todas partes.

André Breton, *Manifiestos del surrealismo.*

¿Qué diferencia encontramos entre el periodismo y la literatura? El periodismo es ilegible y la literatura no se lee.

Oscar Wilde, *Paradoja y genio: aforismos.*

Remarks are not literature.
Las observaciones no son literatura.

Gertrude Stein,
Autobiografía de Alice B. Toklas.

Se necesita mucha historia para producir un poco de literatura.

Henry James, *Hawthorne.*

Y toda la literatura europea es de sufrimiento, nunca de sabiduría.

Henri Michaux, *Un bárbaro en Asia.*

Para escribir

El conocimiento de diversas literaturas es el mejor modo para librarse de la tiranía de una sola.

José Martí, *Oscar Wilde.*

Es suficiente con abrir un manual de literatura griega o latina para constatar que las buenas épocas literarias duran medio siglo mientras las literaturas llamadas de decadencia duran seiscientos años.

Julien Benda, *La Francia bizantina.*

La literatura la esparcen los desechos de hombres que se han preocupado excesivamente de las opiniones ajenas.

Virginia Woolf, *Un cuarto propio.*

Nada nos garantiza que la literatura sea inmortal (...). El mundo puede prescindir perfectamente de la literatura. Pero todavía mejor puede prescindir del hombre.

Jean-Paul Sartre, *Situations*.

No cabe la menor duda: la literatura es cínica. No hay lascivia que no encaje con ella, ni sentimiento innoble, odio, rencor, sadismo que no la alegre, ni tragedia que fríamente no la excite y solicite la cauta y maliciosa inteligencia que la gobierna. Y véase, en cambio, con qué experiencia, con qué ingenioso sarcasmo se manejan los indicios de lo honesto.

G. Manganelli, *La letteratura come menzogna*.

Para llegar, en literatura, existen dos caminos: escribir grandes porquerías u obras de arte. Normalmente se escoge el camino más corto.

Jules Renard.

Tres son las cosas que yo amo en la literatura: la rebelión, la perfección y lo abstracto. Y las tres cosas que odio de ella son la imitación, la distorsión y la complejidad.

Gibran Jalil Gibran, *Dichos espirituales*.

LOCURA

Aliquando et insanire iucundum est.
De vez en cuando es bonito hacer alguna locura.
Lucio Anneo Séneca, *Da tranquillitate animi.*

Aquel que vive sin locuras no es tan sensato como cree.
François de La Rochefoucauld, *Máximas.*

Del hombre al hombre verdadero, el camino pasa por el hombre loco.
Michel Foucault,
Historia de la locura en la época clásica.

Dès qu'il ne fut plus fou, il devint bête.
Al dejar de ser un loco se volvió estúpido.
Marcel Proust, *El mundo de Guermantes.*

Dios hace enloquecer primero a aquellos que quiere destruir.
Eurípides, fragmento.

Dulce est desipere in loco.
Es agradable hacer locuras cuando el tiempo y el lugar lo permiten.
Quinto Horacio Flaco, *Odas*, 12, 27.

En el hecho de estar locos existe un placer que sólo los locos conocen.
John Dryden, *The spanish friar.*

En una época de locura, creerse inmune a la locura es una forma de locura.
Saul Bellow, *Henderson, el rey de la lluvia.*

Es necesario hacer locuras, pero hacerlas con el máximo de prudencia.
Montherlant, *Servicio inútil.*

Hay locuras que se propagan como las enfermedades contagiosas.
François de La Rochefoucauld.

Las tres cuartas partes de las locuras son sólo tonterías.
Sébastien-Roch-Nicolas Chamfort,
Máximas, pensamientos, caracteres y anécdotas.

La locura, señor, se va de paseo por el mundo como el sol y no hay lugar en el que no brille.
William Shakespeare, *El sueño de una noche de verano*, acto III, escena I (clown).

La locura más sutil la realiza la sabiduría más sutil.
Michel de Montaigne, *Ensayos.*

Las mujeres que se arrepienten de sus locuras se arrepienten de su amor.
Honoré de Balzac, *Las ilusiones perdidas.*

134

Les fous sont étonnants dans leur moments lucides.
Los locos son extraordinarios en sus momentos de lucidez.

Casmir Delavigne, *Los hijos de Eduardo.*

Los locos se precipitan hacia los lugares en los que los ángeles no se atreverían a poner ni un pie.

Pope, *Ensayo sobre la crítica.*

Nacemos todos locos. Algunos lo son para siempre.

Samuel Beckett,
Esperando a Godot (Estragón).

Para escribir

Basta con que se ponga a gritar las verdades en la cara de las personas. ¡Nadie la creerá y la tomarán por loca!

Luigi Pirandello,
Il berretto a sonagli (Ciampa).

Cuando un loco parece perfectamente racional, ha llegado el momento, tienen que creerme, de ponerle la camisa de fuerza.

Edgar Alan Poe, *Narraciones extraordinarias.*

La locura es muy rara en los individuos, pero en los grupos, en los partidos, en los pueblos y en las épocas, es la regla.

Friedrich Nietzsche,
Más allá del bien y del mal.

La locura nos persigue en todas las estaciones de la vida. Si alguien parece sensato es sencillamente porque sus locuras son proporcionales a su edad y a su condición.

François de La Rochefoucauld.

Los hombres son tan necesariamente locos que sería una locura, otra forma de locura, no ser locos.

Blaise Pascal, *Pensamientos.*

¿Sabe lo que significa encontrarse delante de un loco? Encontrarse delante de alguien que destruye desde la base todo lo que ha construido en sí mismo, a su alrededor, la lógica de todas sus construcciones.

Luigi Pirandello, *Enrique IV* (Enrique IV).

Todos estamos obligados, para hacer que la realidad sea soportable, a mantener viva en nosotros alguna pequeña locura.

Marcel Proust,
A la sombra de las muchachas en flor.

Todos los hombres son locos y los que no quieren ver locos tienen que quedarse en su habitación y romper el espejo.

Sade, atribuido.

LUNA

Para hablar

C'était dans la nuit brune, / sur le clo-
cher jauni, / la lune / comme un point
sur un i.
Se encontraba en la noche oscura / sobre el campanario amarillento, / la
luna / como un punto sobre una i.

Alfred de Musset, «Ballata alla luna»,
de *Premières poésies*.

La luna, rana de oro del cielo.

Esenin, *El acero antiguo*.

¿Qué haces luna en el cielo? Dime
qué haces, / silenciosa luna.

Giacomo Leopardi, «Canto nocturno de un
pastor errante de Asia», de los *Cantos*.

Tacitae per amica silentia lunae.
En el amigo silencio de la tácita luna.

Publio Virgilio Marón, *Eneida*, II, 255.

Para escribir

*Dolce e chiara è la notte e senza vento, /
e queta sovra i tetti e in mezzo agli orti /
posa la luna e di lontan rivela / serena
ogni montagna.*
Dulce, clara y sin viento es la noche, /
y quieta sobre los techos y entre los
huertos / está la luna, y de lejos revela /
serena toda montaña.

Giacomo Leopardi, *La noche del día de fiesta*.

*O falce di luna calante / che brilli
sull'acque deserte, / o falce d'argento,
qual mèsse di sogni / ondeggia al tuo
mite chiarore qua giù.*
Oh hoz de luna menguante / que bri-
llas sobre las aguas desiertas, / oh hoz
de plata, ondea como mies de sueños /
con tu suave claridad aquí abajo.

Gabrielle D'Annunzio,
«Canto dell'ospite», del *Canto nuevo*.

*Se la vita è sventura, / perché da noi si
dura? / Intatta luna, tale / è lo stato mor-
tale. / Ma tu mortal non sei, / e forse del
mio dir poco ti cale.*
Si la vida es desventura, / ¿por qué
no perecemos? / Intacta luna, tal / es
el estado mortal. / Pero tú no eres
mortal, / y tal vez mis palabras no
te interesan.

Giacomo Leopardi, «Canto nocturno
de un pastor errante de Asia», de los *Cantos*.

MADRE

Normalmente la madre, más que amar al hijo, se ama en el hijo.

Friedrich Nietzsche,
Humano, demasiado humano.

Sicut mater, ita et filia eius.
De tal palo, tal astilla.

Ezequiel, 16, 44.

Tegnosum fecit mater pietosa fiolum.
La piedad de la madre hace del hijo un tacaño.

Merlin Cocai, *Il Baldo*, IV, 444.

Para escribir

La relación entre madre e hijo es paradójica y, en cierto sentido, trágica. Precisa el amor más intenso por parte de la madre y, al mismo tiempo, este amor tiene que ayudar al hijo a separarse de la madre y a aprender a ser independiente.

Erich Fromm,
Psicoanálisis de la sociedad contemporánea.

Un hombre que ha sido el indiscutible favorito de su madre mantiene durante toda la vida la actitud interior de un conquistador, la confianza en el éxito que frecuentemente nos lleva al éxito efectivo.

Sigmund Freud.

MAL

Para hablar

De duobus malis, semper minus est eligendum.
Entre dos males, es necesario escoger siempre el menor.
Tomás de Kempis, *La imitación de Cristo.*

El género humano (...) no odia nunca tanto al que hace el mal, ni al propio mal, sino a quien lo menciona.
Giacomo Leopardi, *Pensamientos,* I.

El mal es la sustitución sistemática de lo abstracto por lo concreto.
Jean-Paul Sartre,
Saint-Genet comédien et martyr.

El mal es una criatura débil, lenta en obedecer la ley de la continuidad de la fuerza.
Gibran Jalil Gibran, *Dichos espirituales.*

El instinto del corazón está inclinado hacia el mal desde la adolescencia.
Génesis, 8, 21.

Existen héroes tanto en el mal como en el bien.
François de La Rochefoucauld, *Máximas.*

No se hace nunca el mal tan a fondo y tan alegremente como cuando se hace por obligación de conciencia.
Blaise Pascal, *Pensamientos.*

Nos encontramos a miles que dan golpes con el hacha sobre las ramas del mal por uno que golpea decididamente en las raíces.
Henry David Thoreau, *Walden.*

Tenéis que saber que no hay nada más común que hacer el mal por el placer de hacerlo.
Prosper Mérimée, *Carta a una desconocida.*

Todos somos lo suficiente fuertes como para soportar los males ajenos.
François de la Rochefoucauld, *Máximas.*

Para escribir

En general, nosotros los hombres estamos hechos así: nos revelamos indignados y furiosos contra los males mediocres, y nos inclinamos en silencio bajo los extremos; soportamos, no resignados sino sorprendidos, el colmo de lo que desde un principio habíamos calificado de insoportable.
Alessandro Manzoni, *Los novios,* XXVIII.

Los hombres no escogen nunca el mal pensando que es mal, sino que se engañan por una cierta similitud con el bien.

Baldassare Castiglione, *El cortesano*.

Nadie, viendo el mal, lo prefiere, pero se deja engañar y le parece un bien respecto a un mal peor.

Epicuro, del *Gnomologio Vaticano*.

No es la fuerza de las pasiones (rara, en el fondo, como el genio) la que conduce hacia el mal sino la vacuidad de la inteligencia. El mal, primero de todo, es una cuestión de inteligencia. Si se pudiera leer dentro de las almas dañadas, lo que más nos sorprendería sería, creo, encontrarlas tan sencillas, irreflexivas, infantiles, entre sus pasatiempos de muerte.

Emilio Cecchi, «Lanterna magica», de *L'osteria del cattivo tempo*.

No es necesario creer en una fuente sobrenatural del mal: los hombres por sí solos son perfectamente capaces de cualquier maldad.

Joseph Conrad, *Bajo la mirada de Occidente*.

Puesto que los hombres son a veces malvados, poneos en condiciones de hacer el mal sólo para evitar que se atrevan a haceros mal a vosotros.

Pierre C. Marivaux, *La doble inconstancia*.

Si en la mano no hay heridas, se puede sujetar con la mano el veneno. No hay envenenamiento donde no hay herida; no hay mal para el que no comete ningún mal.

Suttapitaka.

Si tienes que escoger entre dos males, actúa de forma que tu elección recaiga sobre el más evidente en lugar del más escondido, aunque el primero parezca más grave que el segundo.

Gibran Jalil Gibran, *Dichos espirituales*.

Si vede per gli esempi di che piene sono l'antiche e le moderne storie che'l ben va dietro al male, e'l male al bene.
Las historias antiguas y modernas están llenas de ejemplos que muestran cómo el bien va detrás del mal y el mal detrás del bien.

Ludovico Ariosto, *Orlando furioso*.

The evil that men do lives after them; the good is oft interred with their bones.
El mal que hacen los hombres, vive después de ellos; el bien queda sepultado a menudo por sus propios huesos.

William Shakespeare, *Julio César*.

Todo es mal. Es decir, todo lo que es, es mal; que cada cosa exista es un mal; cada cosa existe por el mal; la existencia es un mal y está ordenado al mal; el fin del universo es el mal; el orden y el estado, las leyes, la marcha natural del universo no son más que mal, y están dirigidos al mal.

Giacomo Leopardi, *Zibaldone*.

MARIDO

Para hablar

Los maridos de las mujeres que nos gustan son siempre imbéciles.

Georges Feydeau, *Le dindon.*

Nunca un marido estará tan bien vengado como por el amante de su mujer.

Honoré de Balzac,
La fisiología del matrimonio.

Un marido (...) vale el otro; y el más voluminoso molesta siempre menos que una madre.

Pierre Choderlos de Laclos,
Las amistades peligrosas.

Una mujer no tiene que actuar nunca de forma que dé la razón a su marido.

Honoré de Balzac, *La historia de los Trece.*

Para escribir

Cuando un marido, comparado con otro hombre, parece tener tantas cualidades como él, es que tiene más.

Etienne-Pivert de Sénancour, *Del amor.*

Es más fácil ser amante que marido, puesto que es más difícil ser gracioso todos los días que decir cosas bonitas de vez en cuando.

Honoré de Balzac,
La fisiologia del matrimonio.

Hacer de marido es un trabajo a jornada completa, por ello muchos maridos no lo consiguen, no consiguen estar totalmente atentos a ello.

Arnold Bennet, *The title.*

Las mujeres se casan con todas las cualidades de sus maridos, y naturalmente más tarde no les impresionan, aunque continúan disimulando.

Francis Scott Fitzgerald, *Suave es la noche.*

MATRIMONIO

Para hablar

Causa coniugii ab amore non est excusatio recta.
El hecho de estar casados no es una buena excusa para no amar.

Código de amor provenzal.

El amor gusta más que el matrimonio, por la razón de que los romances son más divertidos que la historia.

Sébastien-Roch-Nicolas Chamfort,
Máximas, pensamientos, caracteres y anécdotas.

El matrimonio es similar a la vida en lo siguiente: es un campo de batalla y no un lecho de rosas.

Robert Louis Stevenson,
Virginibus Puerisque.

El matrimonio es un injerto, o arraiga o no.

Victor Hugo, *Los miserables.*

El matrimonio es una ciencia.

Honoré de Balzac,
La fisiología del matrimonio.

El matrimonio parece inventado para recompensar a los perversos.

Charles Fourier,
Teoría de los cuatro movimientos.

El matrimonio tiene muchas penas, pero el celibato no tiene placeres.

Samuel Johnson,
La historia de Rásselas, príncipe de Abisinia.

El periodo crítico de un matrimonio es la hora del desayuno.

Alan Patrick Herbert, *Uncommon Law.*

Existen buenos matrimonios pero no existen matrimonios deliciosos.

François de La Rochefoucauld, *Máximas.*

He pensado siempre que un hombre que desea casarse debería saber todo o nada.

Oscar Wilde, *Paradoja y genio: aforismos.*

La propia muerte no es, para quien reflexiona en ello, algo tan serio como el matrimonio.

Hugo von Hofmannsthal,
El libro de los amigos.

Lo más seguro, en el matrimonio, es empezar con una ligera aversión.

Richard Brinsley Sheridan, *Los rivales.*

Si teméis a la soledad no os caséis.

Anton Pavlovich Chejov, *Cuadernos.*

Un buen matrimonio es ese en el que cada uno de los dos nombra al otro guardián de la propia soledad.

Rainer Maria Rilke, *Correspondencia*.

El matrimonio es una lucha a ultranza antes de la cual los esposos piden su bendición al cielo, porque amarse siempre es la empresa más temeraria de todas.

Honoré de Balzac,
La fisiología del matrimonio.

El matrimonio se ha comparado a menudo con esas fiestas (...) en las que a quien está fuera le gustaría entrar y quien está dentro sería feliz si pudiera salir.

John Devies, *Disputa entre una esposa, una viuda y una joven*.

En la actualidad, es muy peligroso para un marido tener, en público, atenciones hacia su propia mujer, porque eso hace pensar siempre a la gente que él la maltrata en la intimidad. Así de grande es la incredulidad del mundo por lo que tiene apariencia de felicidad conyugal.

Oscar Wilde, *Paradoja y genio: aforismos*.

Existen pocas mujeres tan perfectas que consigan que un marido no se arrepienta por lo menos una vez al día de haberse casado.

Jean de La Bruyère, *Los caracteres*.

Las mujeres son la piedra principal en la que tropieza el hombre. Es difícil amar a una mujer y al mismo tiempo hacer algo. Por ello, existe sólo un medio de amar por comodidad y sin obstáculo: el matrimonio.

León Tolstoi, *Ana Karenina*.

Los hombres se enamoran en abril y en diciembre se casan. Las adolescentes son vírgenes en mayo, pero la estación cambia cuando se convierten en esposas.

William Shakespeare,
Como gustéis, acto IV, escena I.

No tiene mucha importancia con quién nos casamos porque, de todos modos, podemos estar seguros de que al día siguiente descubriremos que se trata de otra persona.

Samuel Rogers, *Table Talk*.

Para una mujer, casarse es como tirarse por un agujero abierto en el hielo en mitad del invierno; se hace una vez solamente y se recuerda durante el resto de la vida.

Gorki, *Los bajos fondos*.

Un buen matrimonio, si es que existe, rechaza la compañía y las condiciones del amor. Intenta representar las de la amistad.

Michel de Montaigne, *Ensayos*.

MELANCOLÍA

Para hablar

En el propio templo de la alegría / la Melancolía velada dispone de su soberano altar.

John Keats, *Oda sobre la melancolía.*

Existe una melancolía que es propia de la grandeza del espíritu.

Sébastien-Roch-Nicolas Chamfort,
Máximas, pensamientos, caracteres y anécdotas.

La melancolía es la felicidad de estar triste.

Victor Hugo, *Los trabajadores del mar.*

La melancolía es inseparable del sentimiento de lo bello.

Charles Baudelaire, *Obras póstumas.*

Mi alegría es la melancolía.

Miguel Ángel, «I' sto rinchiuso come la midolla», de las *Obras escogidas.*

Si existe un infierno en la tierra se tiene que buscar en el corazón del hombre melancólico.

Robert Burton, *Anatomía de la melancolía.*

The sad companion, dull-eyed melancholy.
La melancolía de los ojos oscuros, triste compañera.

William Shakespeare,
Pericles, acto I, escena II.

Un deseo de deseos: la melancolía.

León Tolstoi, *Ana Karenina.*

Para escribir

La melancolía crónica que se está apoderando de las razas civilizadas con el declinar de la fe en un poder benéfico.

Thomas Hardy, *Teresa de Urberville.*

Un dì si venne a me Malinconia / e disse: «Io voglio un poco stare teco»; / e parve a me ch'ella menasse seco / Dolore e Ira per sua compagnia.
Un día vino a mí Melancolía / y dijo: «Quiero estar un poco contigo»; / y me pareció que traía consigo / Dolor e Ira por compañía.

Dante Alighieri, soneto
«Un dì si venne a me Malinconia».

MENTIRA

Para hablar

A veces la mentira dice mejor que la verdad lo que está sucediendo en el alma.

Gorki, *Los vagabundos.*

El pecado posee muchos utensilios, pero la mentira es el mango que se adapta a todos.

Oliver Wendell Holmes,
El autócrata del desayuno.

Il faut bonne mémoire, après qu'on a menti.
Es necesario tener buena memoria después de haber mentido.

Thomas Corneille, *Polieucto el embustero.*

Quid Romae faciam? Mentiri nescio.
¿Qué haré en Roma? No soy capaz de mentir.

Decio Junio Juvenal, *Sátiras*, III, 41.

Para escribir

El mentiroso debería tener presente que, para ser creído, sólo es necesario decir las mentiras necesarias.

Italo Svevo, *La conciencia de Zeno.*

Existe una especie de respeto y de consideración en mentir. Cada vez que mentimos a alguien, le hacemos el cumplido de reconocer su superioridad.

Samuel Butler, *Cuadernos.*

La verdad, como la luz, es ciega. La mentira, en cambio, es un bonito crepúsculo que revaloriza todos los objetos.

Albert Camus, *La caída.*

La verdad es un símbolo perseguido por matemáticos y filósofos. En las relaciones humanas, la bondad y las mentiras valen más que mil verdades.

Graham Greene, *El quid de la cuestión.*

Mentir es el talento de quien no tiene ninguno; / ofender es la libertad que conviene a los esclavos.

Marie-Joseph de Chénier,
Epître sur la calomnie.

Nadie puede llevar, durante un periodo que no sea muy breve, una cara para mostrarse a sí mismo y otra para mostrar al gentío, sin encontrarse al final en la situación de desconocer ya cuál es la verdadera.

Nathaniel Hawthorne, *La letra escarlata.*

Miedo

Para hablar

C'est de quoi j'ay le plus de peur que la peur.
El miedo es la cosa de la que tengo más miedo.
Michel de Montaigne, Ensayos.

El miedo, incluso en arte, ha sido siempre un pésimo consejero.
Giorgio Bassani,
El jardín de los Finzi-Contini.

El miedo mayor hace desaparecer siempre al menor.
Grazzini, llamado El Lasca, Le cene.

El miedo no puede existir sin esperanza ni la esperanza sin miedo.
Baruch de Spinoza, Ética.

La madre de la seguridad es un miedo atento y previsor.
Edmund Burke, discurso, 1792.

Ma più è la tema del futuro danno.
Es mayor el temor que el daño futuro.
Ludovico Ariosto,
Orlando furioso, XVIII, octava 144.

No hay cobarde que conozca siempre todo su miedo.
François de La Rochefoucauld, Máximas.

Para quien tiene miedo, todo susurra.
Sófocles, fragmento.

Souvent la peur d'un mal nous conduit dans un pire.
A menudo el miedo de un mal nos conduce a uno peor.
Boileau, L'art poétique.

Para escribir

Dejadme afirmar la sólida convicción de que de lo único que debemos tener miedo es del miedo.
Franklin Delano Roosevelt, primer mensaje
inaugural, 4 de marzo de 1933.

El miedo cósmico es sin duda el más creativo entre todos los sentimientos primordiales. El hombre le debe no sólo las formas y las figuras más maduras y más profundas de su vida interior consciente, sino también los reflejos de esta vida a través de las obras innumerables de la cultura.
Spengler, La decadencia de Occidente.

MORAL

Para hablar

Love is the great secret of morality.
El gran secreto de la moral es el amor.

Percy Bysshe Shelley,
Defensa de la poesía.

El negocio más espléndido de este mundo es la moral.

Wedekind, *Der Marquis von Keith.*

He pensado a menudo que la moralidad podría considerarse sólo en el coraje de realizar una elección.

Léon Blum, *Du mariage.*

La moral es fantasía.

Robert Musil, *El hombre sin atributos.*

La moral es lo que queda del miedo cuando se ha olvidado.

Jean Rostand, *Inquietudes de un biólogo.*

La moral est la faiblesse de la cervelle.
La moral es la debilidad del cerebro.

Arthur Rimbaud,
Una temporada en el infierno.

La moral no es nada más que la regularización del egoísmo.

Jeremy Bentham, *Deontología.*

La moral se centra en la pregunta de si el placer precede o sigue al dolor.

Samuel Butler, *Cuadernos.*

La moralidad es un lujo privado y costoso.

Henry Adams,
La educación sentimental de Henry Adams.

No existen fenómenos morales; sólo una interpretación moral de los fenómenos.

Friedrich Nietzsche,
Más allá del bien y del mal.

No se puede decir que una atmósfera de alta moralidad sea muy propicia a la salud o a la felicidad.

Oscar Wilde, *Paradoja y genio: aforismos.*

Para escribir

Afrontar la vida con la ayuda de la moral que se nos transmite es como situarse sobre una cuerda oscilante colocada sobre un abismo (...) sin otra ayuda que un consejo: ¡mantente muy erguido!

Robert Musil, *El hombre sin atributos.*

Cada uno se preocupa de que su vecino no lo engañe, pero llega un día en el que empieza a preocuparse por no engañar él al vecino, y entonces todo va bien.

Ralph W. Emerson, *The conduct of life*.

Dadle las vueltas que queráis, / pero primero viene el estómago y después la moral.

Bertolt Brecht,
La ópera de dos peniques, segundo final.

Es característico de cada moral considerar la vida humana como una partida que se puede ganar o perder, y enseñar al hombre la forma de ganar.

Simone de Beauvoir,
Para una moral de la ambigüedad.

La ética no es exactamente la doctrina que nos enseña cómo ser felices, sino la que nos enseña qué podemos hacer para ser dignos de la felicidad.

Immanuel Kant, *Crítica de la razón práctica*.

La moral, que debería ser el estudio de los derechos y de los deberes (...) acaba convirtiéndose en el estudio de los deberes ajenos hacia nosotros.

August Strindberg, *El hijo de la sierva*.

No puede existir más verdad definitiva en la ética que en la física, hasta que el último hombre no haya vivido su experiencia y haya dicho lo que tiene que decir.

William James, *La voluntad de creer*.

Nuestros errores y controversias, en el campo de la moral, derivan a veces de considerar a los hombres como si pudieran ser completamente malos o completamente buenos.

Vauvenargues, *Reflexiones y máximas*.

Por moral entiendo el producto real de dos grandezas imaginarias: deber y querer.

Wedekind, *El despertar de la primavera*.

Si hay algo peor que el debilitamiento diario de los grandes principios morales, es el agarrotamiento diario de los pequeños principios morales.

Gilbert K. Chesterton, *Enormes minucias*.

Sin moralidad civil, las comunidades perecen; sin moralidad privada su supervivencia no posee valor.

Bertrand Arthur William Russell,
Autoridad e individuo.

Todas las sectas se deterioran porque proceden de los hombres; la moralidad es la misma por todas partes porque procede de Dios.

Voltaire, *Diccionario filosófico*.

MUERTE

Para hablar

─────────────

Belle fin fait qui meurt en bien aimant.
Muere bien el que muere amando
mucho.
                    Pierre de Ronsard,
          Amours de Cassandre, CXLIII.

Contra la muerte hay un remedio: llevar en cualquier momento una vida
inmortal.
                         Serbillanges.

Dulce et decorum est pro patria mori.
Es tierno y digno morir por la patria.
     Quinto Horacio Flaco, *Odas*, III, 2, 15.

El choque de todo el sistema solar y
de todos los sistemas estelares te
podría matar una única vez.
     Thomas Carlyle, carta a John Carlyle, 1831.

*Et puis, mourir n'est rien, c'est achever
de naître.*
Al fin y al cabo, morir no es nada, es
acabar de nacer.
            Savinien de Cyrano de Bergerac,
                La muerte de Agripina.

La muerte de los jóvenes es un nau-
fragio; la de los viejos es arribar al
puerto.
                    Plutarco, fragmento.

La muerte desacredita. El máximo
éxito es sobrevivir.
     Saul Bellow, *Las aventuras de Augie March.*

La muerte, el gran delito.
                    Italo Svevo, *Senilidad.*

La muerte es el lado de la vida girado
en una dirección distinta de la nuestra, no iluminada por nosotros.
          Rainer Maria Rilke, carta al señor
          Witold von Hulewicz a propósito
               de las *Elegías de Duino.*

La muerte es la curva del camino, /
morir es sólo no ser visto.
                    Fernando Pessoa,
          Una sola multitud, I, 161.

La muerte no es nada para nosotros,
puesto que cuando somos, la muerte
no ha venido y, cuando ha venido, ya
no somos.
                         Epicuro.

La muerte no quiere a los estúpidos.
     Anton Pavlovich Chejov, *Biancafronte.*

La muerte, un misterio inexplicable
del que una experiencia cotidiana
parece que no ha convencido todavía
a los hombres.
               Benjamin Constant, *Adolfo.*

La vida es una gran sorpresa. No veo por qué la muerte no podría ser también una más grande.

Vladimir Nabokov, *Pálido fuego*.

Lo que recibe el nombre de razón para vivir es también una excelente razón para morir.

Albert Camus, *El mito de Sísifo*.

Morir es tremendo, pero la idea de tener que morir sin haber vivido es insoportable.

Erich Fromm, *El corazón del hombre*.

Memento mori.
Recuerda que debes morir.

Lema de los trapenses.

Muerte, tú me darás fama y reposo.

Ugo Foscolo, soneto «Il propio ritratto».

No querremos morir. Cada hombre es una sucesión de ideas que no se querrían interrumpir.

Charles de Secondat,
barón de Montesquieu, *Croyances*.

Omnes eodem cogimur.
Nos empujan a todos hacia una misma meta.

Quinto Horacio Flaco, *Odas*, II, 3, 25.

Omnes una manet nox.
A todos nos espera una sola noche.

Quinto Horacio Flaco, *Odas*, I, 28, 15.

Un silogismo: los demás mueren, pero yo / no soy otro, por lo tanto no moriré.

Vladimir Nabokov, *Pálido fuego*.

Vivir es nacer en continuación. La muerte no es más que un último nacimiento.

Marcel Jouhandeau,
Reflexiones sobre la vejez y la muerte.

Para escribir

Cada muerte de un hombre me hace sentir más pequeño porque yo formo parte de la humanidad; por lo tanto, no mandes nunca preguntar por quién suenan las campanas porque suenan para ti.

John Donne, *Devociones*.

Decimos, es verdad, que la hora de la muerte es incierta; pero cuando decimos esto nos representamos esa hora como situada en un espacio vago y lejano, no pensamos que tenga una relación cualquiera con la jornada ya empezada y que pueda significar que la muerte —o su primera toma de posesión parcial de nosotros, después de la cual ya no nos dejará— pueda producirse esa misma tarde, tan poco incierta, esta tarde en la que el uso de todas las horas ya está perfectamente establecido.

Marcel Proust, *El mundo de Guermantes.*

Entre todos los acontecimientos que constituyen la biografía de una persona, no hay ni siquiera uno (...) con el que el mundo se reconcilie tan fácilmente como su muerte.

Nathaniel Hawthorne,
La casa de los siete tejados.

La muerte es bonita, es nuestra amiga; pero no la reconocemos porque se nos presenta enmascarada y su máscara nos asusta.

François René Chateaubriand,
Memorias de ultratumba.

La muerte es como un pescador que coge el pez con la red y durante un rato lo deja todavía en el agua; el pez nada pero tiene a su alrededor la red y el pescador lo sacará del agua cuando le parezca oportuno.

Ivan Sergueievich Turgenev, *En vísperas.*

La muerte es un monstruo que expulsa del teatro a un espectador atento antes del final de una representación que le interesa infinitamente.

Giacomo Casanova de Seingalt,
Historia de mi vida.

Los hombres temen a la muerte como los niños temen a la oscuridad, y como ese miedo natural en los niños ha sido aumentado con fábulas y cuentos, sucede lo mismo con la otra.

Francis Bacon, *Ensayos.*

Muy abajo, en el fondo del corazón, no creemos en nuestra extinción; de alguna manera esperamos estar presentes observando lo que sucederá a nuestros descendientes.

Bernard Berenson, *Amanecer y crepúsculo.*

Oh muerte, te damos las gracias por las luces que expandes sobre nuestra ignorancia; tú sola nos convences de nuestra bajeza, tú sola nos haces reconocer nuestra dignidad.

Jacques Bossuet, *Sermón sobre la muerte.*

Porque morir por alguien o por algo, está bien, es normal; pero es necesario saber o por lo menos estar seguro de que alguien sabe por quién o para qué se ha muerto.

Tomasi di Lampedusa, *El gatopardo.*

Son algo los Manes. No todo acaba con la muerte y una sombra pálida permanece y gana la hoguera.

Propercio.

Sucede siempre así, incluso para aquellos en los que nadie pensó en ocuparse mientras estaban vivos, en el momento de la muerte reciben un instante de atención.

Aldo Palazzeschi, *Las hermanas Materassi.*

Todos dicen: «Qué duro que es tener que morir». Una extraña queja por parte de personas que han tenido que vivir.

Mark Twain, *Wilson el Chiflado.*

MUJER

Para hablar

A veces, a las mujeres les basta con demasiado.
> Edmond y Jules de Goncourt,
> *Ideas y sensaciones.*

Desconfiad de una mujer que os dice su verdadera edad. Una mujer que os dice eso, os dice todo.
> Oscar Wilde, *Paradoja y genio: aforismos.*

El ángel de la familia es la mujer.
> Mazzini, *Dei doveri dell'uomo.*

El llanto es el refugio de las mujeres feas, pero es la desgracia el de las guapas.
> Oscar Wilde, *Paradoja y genio: aforismos.*

En el corazón de las mujeres sólo ven claro los observadores desinteresados.
> Edmundo De Amicis.

En el mejor de los casos la mujer es una contradicción.
> Pope, *Ensayos morales.*

Es necesario escoger si amar a las mujeres o conocerlas.
> Ninon de Lenclos.

Escucha a la mujer cuando te mira, no cuando te habla.
> Gibran Jalil Gibran, *Dichos espirituales.*

Intollerabilius nihil est quam femina dives.
Nada es más intolerable que una mujer rica.
> Decio Junio Juvenal, *Sátiras*, VI, 460.

La mayor parte de las mujeres no lloran tanto la muerte de sus amantes por el hecho de haberlos amado, como por parecer más dignas de ser amadas.
> François de La Rochefoucauld, *Máximas.*

La mujer es el peor de los males.
> Eurípides, *Hipólito.*

La mujer que no sabe hacer agradables sus propios errores no es más que una niña.
> Oscar Wilde, *Paradoja y genio: aforismos.*

La mujer, sólo el diablo sabe lo que es; yo no entiendo nada.
> Fiodor Mijailovich Dostoievski,
> *Los hermanos Karamazof.*

La templanza de las mujeres es un peinado, es un colorete que añaden a sus zalamerías.
> François de La Rochefoucauld, *Máximas.*

Las mujeres son extremas: o mejores o peores que los hombres.

Jean de La Bruyère, *Los caracteres.*

Las mujeres tienen un instinto maravilloso: descubren todo menos lo que es evidente.

Oscar Wilde, *Paradoja y genio: aforismos.*

Las mujeres tienen una manera muy particular de atormentarse.

Joseph Conrad, *Nostromo.*

Lo que hace que la mayor parte de las mujeres sea poco sensible a la amistad es que la considera insípida cuando ya se ha probado el amor.

François de La Rochefoucauld, *Máximas.*

Los bandidos te exigen la bolsa o la vida; las mujeres quieren las dos cosas.

Samuel Butler,
de *Treasury of humorous quotations.*

Mujer: misterio sin final feliz.

Guido Gozzano, «La signorina Felicita ovvero la felicità», de *I colloqui.*

Mulier malum necessarium.
La mujer es un mal necesario.

Aulo Gelio, *Noches áticas.*

No se nace mujer, nos convertimos en mujeres.

Simone de Beauvoir, *El segundo sexo.*

No te fíes de las mujeres cuando admiten el mal.

Cesare, *De tu tierra.*

Si Dios no hubiera creado a la mujer, no hubiera creado a la flor.

Victor Hugo, «L'âme en fleur»,
de *Les Contemplations.*

Si se dan a las mujeres ocasiones adecuadas, ellas pueden hacer todo.

Oscar Wilde, *Paradoja y genio: aforismos.*

Para escribir

Dios creó a la mujer y, a decir verdad, desde ese momento desapareció el aburrimiento; ¡pero dejaron de existir también otras muchas cosas! La mujer fue el segundo error de Dios.

Friedrich Nietzsche, *El anticristo.*

Durante demasiado tiempo, en la mujer se han escondido un esclavo y un tirano. Por ello la mujer no es todavía capaz de tener amigos; conoce sólo el amor.

Friedrich Nietzsche, *Así habló Zaratustra.*

El que siente piedad por la mujer, la desprecia. El que le atribuye la culpa de los males de la sociedad, la oprime. El que cree que la bondad de ella depende sólo de la propia bondad y que su malicia depende sólo de la propia, es un desvergonzado al pretender eso. Pero el que acepta a las mujeres como Dios las trajo al mundo, les hace justicia.

Gibran Jalil Gibran, *Dichos espirituales.*

La gran pregunta (...) a la que no he conseguido responder, después de treinta años de investigaciones sobre el alma femenina, es: «¿Qué es lo que quiere una mujer?».

Sigmund Freud, citado por Ch. Rolo,
Psychiatry in American Life.

Las mujeres son más parecidas entre ellas que los hombres; la verdad es que tienen sólo dos pasiones, vanidad y amor; y estas son sus características universales.

Philip Dormer Stanhope,
conde de Chesterfield, *Cartas a su hijo.*

Nulla fere causa est in qua non femina litem / moverit.
No existe casi ninguna causa en la que el litigio no haya sido provocado por una mujer.

Decio Junio Juvenal, *Sátiras*, VI, 242-243.

Por otro lado, la mujer tiene miedo, es cobarde delante del hierro y de la lucha. Pero cuando se ve amenazada su cama, no existe alma más sanguinaria que ella.

Eurípides, *Medea.*

Se puede decir que las mujeres se dan cuenta de las cosas más rápidamente que los hombres; pueden ver igual de bien y miran durante menos tiempo.

Desmahis, *Encyclopédie*, entrada «Mujer».

Ser mujer es terriblemente difícil, porque consiste sobre todo en estar relacionada con los hombres.

Joseph Conrad, *Victoria.*

The souls of women are so small, / that some believe they've none at all.
Las almas de las mujeres son tan pequeñas que algunas personas creen que no tienen.

Samuel Butler, *Pensamientos.*

Todas las mujeres están más adelantadas. / ¿Vas de camino a casa del demonio? / La mujer te lleva mil pasos de ventaja.

Johann Wolfang von Goethe,
Fausto, I, 3.980-3.982.

Todo mi placer consiste en verme servida, admirada y adorada. Esta es mi debilidad, y esta es la debilidad de casi todas las mujeres.

Carlo Goldoni, *La posadera.*

Una mujer es un país extranjero / del cual, aunque se establezca en él de joven, / un hombre no llega a entender nunca a fondo / las costumbres, la política y la lengua.

Coventry Patmore, *El ángel de la casa.*

Veinte años de romance convierten a la mujer en una ruina, pero veinte años de matrimonio hacen de ella un monumento.

Oscar Wilde, *Paradoja y genio: aforismos.*

MÚSICA

Para hablar

Dadme una nota de la lavandería y le pondré música.

Rossini.

El secreto del canto se encuentra entre la vibración de la voz del que canta y el latido del corazón del que escucha.

Gibran Jalil Gibran, *Dichos espirituales.*

La música es esencialmente inútil, como la vida.

George Santayana,
La vida de la razón: la razón en el arte.

La música es parte de nosotros, y ennoblece o degrada nuestro comportamiento.

Anicio Manclio Torcuato Severino Boecio,
Sobre la doctrina musical.

La música es un maravilloso estupefaciente que no se debe tomar muy en serio.

Henry Miller,
La habitación con aire acondicionado.

La música nace sólo del corazón y se dirige al corazón.

Rachmaninov.

La música se ha inventado para confirmar la soledad humana.

Lawrence Durrell, *Clea.*

La música soy yo.

Arthur Rubinstein.

Nada se puede poner bien en la música si no carece de sentido.

Joseph Addison, *The Spectator.*

Sin música, la vida sería un error.

Friedrich Nietzsche,
El crepúsculo de los ídolos.

Todo arte aspira constantemente a la condición de la música.

Walter Pater, *El Renacimiento.*

Para escribir

Cuando abro los ojos tengo que suspirar porque lo que veo es contrario a mi religión, y lo único que puedo hacer es despreciar este mundo incapaz de sentir que la música es una revelación superior a toda la sabiduría y a toda la filosofía.

Beethoven.

Cuando se toca buena música la gente no escucha, y cuando se toca mala música la gente no habla.

Oscar Wilde, *Paradoja y genio: aforismos.*

La gente que ama la música es absurdamente irracional. Pretende que se esté siempre perfectamente mudo, precisamente cuando se gritaría para estar absolutamente sordo.

Oscar Wilde, *Paradoja y genio: aforismos.*

No hay nada en la naturaleza tan estúpido, tan duro y tan fogoso a lo que la música no consiga cambiar con el tiempo el carácter. El hombre que no siente ninguna música en su interior y que no se deja conmover con acordes tiernos, está preparado para cualquier traición: los movimientos de su corazón están tristes como la noche, y sus afectos negros como el Tártaro. No os fiéis nunca de un hombre como este.

William Shakespeare, *El mercader de Venecia*, acto V, escena I.

Prefiero la música de Wagner a cualquier otra. Es tan ruidosa que permite hablar durante el tiempo de la ejecución sin que los demás puedan oír lo que se dice.

Oscar Wilde, *Paradoja y genio: aforismos.*

NACIMIENTO

Para hablar

Como veis, no importa nacer en un gallinero cuando se tiene luego la suerte de convertirse en un cisne.

Andersen, *El patito feo.*

Quel crime avons-nous fait pour mériter de naître?
¿Qué delito hemos cometido para merecer nacer?

Alphonse de Lamartine,
Meditaciones poéticas.

Para escribir

La mejor cosa para los hombres de esta tierra sería no haber nacido; pero si han nacido, entonces tienen que atravesar las puertas del Hades lo antes posible y permanecer allí sepultados.

Teognis, *Elegías.*

Nacemos, por decirlo de algún modo, de forma provisional, (...); poco a poco vamos componiendo en nosotros el lugar de nuestro origen.

Rainer Maria Rilke, *Cartas milanesas.*

Para hablar

Chassez le naturel, il revient au galop.
Aunque se la expulse, la naturaleza volverá al galope.

Destouches, *El soberbio*.

La naturaleza está a menudo escondida, algunas veces pisoteada y muy raramente extinguida.

Francis Bacon, *Ensayos*.

La naturaleza no es más que una poesía enigmática.

Michel de Montaigne, *Ensayos*.

La naturaleza no hace nada inútil.

Aristóteles, *Política*.

Natura non facit saltus.
La naturaleza no da saltos (sino que procede por grados y según leyes fijas).

Leibniz, *Nuevo sistema de la naturaleza*.

Naturam expelles furca, tamen usque recurret.
Intentarás alejar tu inclinación natural con el bieldo, pero de todos modos volverá.

Quinto Horacio Flaco, *Epístolas*, I, 10, 24.

No es necesario violentar a la naturaleza sino persuadirla.

Epicuro, del *Gnomologio Vaticano*.

Para escribir

En la naturaleza no vemos palabras, sólo vemos siempre iniciales de palabras, y cuando vamos a leerlas encontramos que las nuevas llamadas palabras son, a su vez, nada más que iniciales de otras palabras.

Lichtenberg, *Observaciones y pensamientos*.

Es cualquier cosa menos fácil decir si la naturaleza se ha demostrado para el hombre una madre generosa o una despiadada madrastra.

Cayo Plinio Segundo (el Viejo), *Historia natural*.

La naturaleza dispone de perfecciones para mostrar que es la imagen de Dios y de defectos para mostrar que es sólo la imagen.

Blaise Pascal, *Pensamientos*.

La naturaleza no es la gran madre que nos ha traído al mundo. Esa es una creación nuestra y viene generada en nuestro cerebro. Las cosas son porque nosotros las vemos y la forma en la que las vemos depende de las artes que han tenido influencia sobre nosotros.

Oscar Wilde, *Paradoja y genio: aforismos.*

No acusamos a nuestra buena madre de haber sido cruel con nosotros y de habernos reservado una particular desgracia sea como sea que nos haya creado; la naturaleza, que no conoce injusticias, nos sirve la vida a todos con el mismo cucharón, maternalmente, como si fuese una bien medida sopa.

Aldo Palazzeschi, «Il gobbo», de *Il palio dei buffi.*

Para el naturalista (...) es motivo siempre de una nueva admiración que la naturaleza cree todas sus grandes obras sin infringir nunca sus propias leyes.

Konrad Lorenz, *Sobre la agresión: el pretendido mal.*

Un producto organizado por la naturaleza es un producto donde todo es recíprocamente fin y medio; en él no hay nada inútil, nada sin objetivo, o debido a un ciego mecanismo natural.

Immanuel Kant, *Crítica del juicio.*

NIÑOS

Para hablar

Ah! Il n'y a plus d'enfants.
¡Ah! ya no hay más niños.
Molière, El enfermo imaginario.

Allí donde se encuentran los niños encontramos una edad de oro.
Novalis, Fragmentos.

El mejor método para criar a un niño es tener dos.
M. Cox.

Les enfants terribles.
Los niños terribles.
Paul Gavarny,
título de una serie de dibujos animados.

Los niños consuelan de todo... menos del hecho de tenerlos.
Hippolyte Taine,
Vida y opiniones de Frédéric-Thomas Graindor-
ge.

Maxima debetur puero reverentia.
El niño tiene derecho al respeto más grande.
Decio Junio Juvenal, Sátiras, XIV, 47.

No existen los niños «inocentes».
Jean-Paul Sartre, El ser y la nada.

Nos han quedado tres cosas del paraíso: las estrellas, las flores y los niños.
Dante Alighieri.

Sinite parvulos venire ad me.
Dejad que los niños se acerquen a mí.
Marcos, 10, 14.

Sobre la infancia, sobre cada niño, descansa una única gracia.
Charles Péguy.

Un buen padre es realmente el que conoce a su hijo.
William Shakespeare.

Un niño es un amor hecho visible.
Novalis.

Para escribir

Cada niño es en cierta medida un genio, de la misma forma que cada genio sigue siendo en cierta manera un niño.
Arthur Schopenhauer.

Cada niño que nace nos recuerda que Dios todavía no se ha cansado de los hombres.
Rabindranath Tagore.

El alma de un niño es santa, y todo lo que se lleva a su presencia tiene que poseer por lo menos el don de la inocencia.

Herder.

El niño considera como una sola cosa lo que pide a gritos y lo que ya posee.

Jean Paul.

En sus juegos los niños realizan todos esos movimientos necesarios para convencernos de que sus imaginaciones son realidades.

Joseph Joubert.

Intentad ser como niños. No hagáis las cosas porque son absolutamente necesarias, sino libremente y por amor. Todas las reglas se convierten en una especie de juego.

T. Merton.

Las alegrías familiares son, para el hombre, las más preciosas de la vida, y la alegría que los padres sienten por sus hijos es la más santa del mundo.

Johan H. Pestalozzi.

La infancia no es sencillamente un tiempo de preparación a la vida, como a menudo pensamos para nuestros hijos; en realidad es ya vida en sí misma.

Rosegger.

Los buenos padres piensan siempre, antes que en cualquier otra cosa, en el bien de los hijos. Su infelicidad es para ellos más dolorosa que la propia.

Hebel.

Los niños dan mucha más importancia a lo que hacen los padres que a lo que dicen.

Marie von Ebner-Eschenbach.

Quien deja que sean las amistades quienes se ocupen de la educación de su hijo, lo perderá en cuanto deje de ser un niño.

Friedrich Rückert.

Quien está en estrecha relación con los niños descubrirá que toda acción exterior influye en ellos.

Johann Wolfang von Goethe.

Seguir siendo pequeños significa reconocer la propia nada y esperar todo del buen Dios como un niño espera todo de su padre.

Santa Teresa de Lisieux.

Si hay algo que deseamos cambiar en un niño, primero tenemos que examinarlo bien y ver si no es algo que deberíamos cambiar en nosotros mismos.

Carl G. Jung, *La integración de la personalidad.*

Tú puedes aprender de tus hijos más de lo que ellos aprenden de ti. A través de ti ellos conocen un mundo ya pasado; tú en ellos descubres uno nuevo que está naciendo.

Friedrich Rückert.

NOMBRE

Para hablar

Aquí yace uno cuyo nombre se escribió sobre el agua.

John Keats, epitafio escrito por el propio autor y colocado sobre su tumba.

Conveniunt rebus nomina saepe suis.
A menudo los nombres se adaptan bien a las cosas que indican.

Riccardo da Venosa,
Sobre Paulino y Pola.

Hacerse un nombre con una obra perfecta no es tan fácil como hacer valer una obra mediocre con el nombre que se ha conseguido.

Jean de La Bruyère, *Los caracteres.*

Stat magni nominis umbra.
Queda la sombra de un gran nombre.

Marco Anneo Lucano,
Farsalia, IX, 202-203.

Para escribir

El nombre de un hombre, en general considerado una simple expresión de lo que un hombre es, puede de alguna forma ser una especie de presagio de lo que será, si se consigue captar a tiempo el significado.

William Faulkner, *Luz de agosto.*

No existe en el mundo una profesión tan cansada como hacerse un gran nombre: la vida se acaba cuando la obra acaba de empezar.

Jean de La Bruyère, *Los caracteres.*

¿Qué hay en un nombre? Lo que nosotros llamamos con el nombre de la rosa, aunque si lo llamáramos con otro nombre, tendría de todos modos siempre el mismo dulce perfume.

William Shakespeare,
Romeo y Julieta, acto II, escena II.

OBEDIENCIA

Para hablar

Bastante sabe el que no sabe si sabe obedecer.

Campanella, «Canzon del sommo bene, oggetto d'amor naturale».

El esclavo que obedece escoge obedecer.

Simone de Beauvoir, *Pyrrhus et Cinéas*.

El que ha nacido para obedecer, obedecería incluso sobre el trono.

Vauvenargues, *Reflexiones y máximas*.

Es necesario obedecer a los superiores, no porque sean justos sino porque son superiores.

Blaise Pascal, *Pensamientos*.

No sabéis cómo un chico, obedeciendo, puede obligar a los padres a hacer lo que él quiere.

Scipio Slataper, *Il mio Carso*.

Obedezco.

Garibaldi, comunicación del 9 de agosto de 1866, como respuesta a la orden del general La Marmora de retirarse del Tirol.

OCIO

Para hablar

El insoportable cansancio de no hacer nada.

Richard Steele, *The Tatler*.

El ocio es el principio de todos los vicios, el coronamiento de todas las virtudes.

Franz Kafka, *Diarios*.

El ocio es un apéndice de la nobleza.

Robert Burton, *Anatomía de la melancolía*.

El ocio es uno de los mayores desgastes que pueda tener un espíritu activo.

Annibal Caro, carta a Bernardo Spina.

En el ocio y en los sueños la verdad sumergida sale a flote algunas veces.

Virginia Woolf, *Un cuarto propio*.

Es imposible disfrutar a fondo del ocio si no se tiene una cantidad de trabajo para hacer.

Jerome K. Jerome,
Pensamientos ociosos de un ocioso.

Es un trabajo de perros practicar el ocio. Pero no protesto contra el cansancio siempre que no tenga un objetivo preciso.

Oscar Wilde, *Paradoja y genio: aforismos*.

Iucundum (...) nihil agere.
El «dolce far niente»; el dulce reposo.

Cayo Plinio Cecilio Segundo (el Joven),
Cartas.

Le pénible fardeau de n'avoir rien à faire.
El penoso fardo de no tener nada que hacer.

Boileau, *L'art poétique*.

Para escribir

El ocio es la cosa más difícil del mundo, la más difícil y la más intelectual. Según Platón, su pasión por la sabiduría era la forma más noble de la energía. Según Aristóteles, su pasión por la ciencia era también la forma más noble de la energía. La pasión por la santidad condujo al ocio al santo y al místico de la Edad Media.

Oscar Wilde, *Paradoja y genio: aforismos*.

Ove l'ozio signoreggia, ivi non riluce raggio d'ingegno, ivi non vive pensiero di gloria e d'immortalità, ivi non apparisce né immagine né simolacro né pur ombra o vestigio alcun di virtù.
Donde el ocio es el amo, no brilla rayo de ingenio, no crece deseo de gloria y de inmortalidad, no aparece imagen ni simulacro ni siquiera sombra o vestigio alguno de virtud.

Torquato Tasso, discurso pronunciado
con motivo de la apertura
de la Academia de Ferrara.

ODIO

Para hablar

El odio es la cadena más grave y más despreciable al mismo tiempo con la que el hombre puede unirse al hombre.

Ugo Foscolo, *Il gazzettino del bel mondo*.

El odio es siempre más clarividente e ingenioso que la amistad.

Pierre Choderlos de Laclos,
Las amistades peligrosas.

El odio es sólo un defecto de la imaginación.

Graham Greene, *El poder y la gloria*.

Odiarse es más fácil de lo que se cree
La gracia es olvidar.

Georges Bernanos, *Diario de un cura rural*.

La ira es un hierbajo, el odio es el árbol.

San Agustín, *Sermones*.

Los odios no se acaban nunca gracias al odio, se acaban gracias al no odio. Esta es la primera de las leyes.

Suttapitaka.

Poder odiar y ser odiado sin conocerse es una de las ventajas de este mundo.

Alessandro Manzoni, *Los novios*, IV.

Oderint dum probent.
Que odien mientras aprueben.

Tiberio, comentario a los epigramas
que dirigieron en su contra.

Pocas personas consiguen ser felices sin odiar a otra persona, nación o credo.

Bertrand Arthur William Russell.

Poco importa lo que odiemos siempre que odiemos algo.

Samuel Butler, *Cuadernos*.

Propium humani ingenii est odisse quem laeseris.
Es propio de la naturaleza humana odiar aquel al que se ha provocado daño.

Tácito, *Agrícola*, 42.

Un coeur qui sait haïr est toujours criminel.
Un corazón que sabe odiar es siempre criminal.

Marie-Joseph de Chénier,
Himno del 9 termidor.

Para escribir

El odio es de largo el más duradero de los placeres; los hombres aman con prisas pero detestan con todo su placer.

George Gordon Noel Byron, *Don Juan.*

El odio es un licor precioso, un veneno más caro que el de los Borgia puesto que está hecho con nuestra sangre, con nuestra salud, con nuestro sueño y con dos tercios de nuestro amor. Es necesario ser tacaños.

Charles Baudelaire, *El arte romántico.*

El odio no es un bajo sentimiento, cuando se refleja que hace converger toda nuestra más grande energía en una única dirección y, de esta manera, necesariamente nos provoca el más admirable desinterés por otras cosas.

Maurice Barrès,
De la sangre, de la voluptuosidad, de la muerte.

OPINIÓN

Para hablar

Existen siglos en los que la opinión pública es la peor de las opiniones.
Sébastien-Roch-Nicolas Chamfort,
Máximas, pensamientos, caracteres y anécdotas.

El lujo de la opinión propia personal.
Bismarck, discurso al Régimen prusiano,
17 de diciembre de 1873.

La opinión está determinada en un último análisis por los sentimientos y no por el intelecto.
Herbert Spencer, *Social statics.*

Las opiniones no pueden sobrevivir si no se tiene la ocasión de luchar por ellas.
Thomas Mann, *La montaña mágica.*

Nada contribuye a la serenidad del alma mejor que no tener ninguna opinión.
Lichtenberg, *Observaciones y pensamientos.*

No son los hechos los que trastornan a los hombres sino las opiniones acerca de los hechos.
Epicteto, *Manual.*

¿Por qué expresar nuestras opiniones? Mañana las habremos cambiado.
Paul Léautaud, *Journal littéraire.*

Quot homines tot sententiae.
Cuántos hombres, cuántas opiniones.
Terencio, *Formión*, II, 4, 14.

Para escribir

El Estado, al escoger a los hombres que tendrán que servirle, no hace caso de sus opiniones. Es suficiente que estén decididos a servirle fielmente.
Cromwell, del *Penguin Dictionary of Quotations.*

El público compra sus opiniones como compra la carne y la leche, según el principio de que hacer esto es más económico que tener una vaca. Es realmente cierto, pero son mayores las probabilidades de que la leche esté diluida en agua.
Samuel Butler, *Cuadernos.*

En el mundo no han existido nunca dos opiniones iguales, de la misma forma que no han existido nunca dos cabellos o dos granos idénticos: la cualidad más universal es la diversidad.
Michel de Montaigne, *Ensayos.*

Las falsas opiniones se parecen a las monedas falsas: acuñadas por algún maleante y luego gastadas por personas honestas, que perpetúan el crimen sin saber lo que están haciendo.

Joseph de Maistre,
Las veladas de San Petersburgo.

La opinión pública es un tirano débil en comparación con nuestra opinión privada. Lo que un hombre piensa de sí mismo eso es lo que determina o mejor indica su destino.

Henry David Thoreau, *Walden.*

La única forma de reforzar el propio intelecto es tener opiniones precisas sobre nada; dejar que la propia mente sea un camino de paso para todos los pensamientos.

John Keats, carta a George y Georgina Keats, 17-27 de septiembre de 1819.

Las opiniones que más nos gustan son aquellas sobre las que más nos costará dar cuentas, y las razones con las que las justificamos son raramente las mismas que nos han inducido a adoptarlas.

Henri Bergson, *Essai sur les données immédiates de la conscience.*

Pensar es algo muy complicado: se trata de coger muchas ideas nebulosas, ponerlas juntas y hacer que encajen lo mejor posible. Se trata de uno de los motivos por los que todos se aferran a sus opiniones (...): en comparación con la nebulosidad del camino recorrido para llegar a una idea, también la opinión más tonta parece razonable, lógica, concreta, y si se abandona por un momento vuelve a caer en la niebla y se debe buscar otra para sustituir a la perdida.

Dashiell Hammett, *El beso de la violencia.*

Se tiene el coraje de las propias opiniones pero no de las propias costumbres. Se acepta sufrir pero no se acepta ser desprestigiado.

André Gide, *Corydon.*

Si toda la humanidad menos uno fuera de la misma opinión, y un único hombre tuviera una opinión contraria, la humanidad no tendría más derecho a reducir a ese único hombre al silencio que el que tendría el hombre a reducir, si pudiera, al silencio a la humanidad.

John Stuart Mill, *Sobre la libertad.*

PALABRA

Para hablar

Buscando las palabras se encuentran los pensamientos.

Joseph Joubert, *Pensamientos.*

Das Wort erstirbt schon in der Feder.
La palabra muere ya bajo la pluma.

Johann Wolfang von Goethe,
Fausto, Studio, 1728.

Manzana de oro en plato de plata / es una palabra dicha a propósito.

Proverbios, 25, 11.

En las palabras hay algo de impúdico.

Cesare Pavese, *La casa in collina.*

La emoción es siempre nueva y la palabra sirve desde siempre; de aquí procede la imposibilidad de expresar la emoción.

Victor Hugo, *Los trabajadores del mar.*

La palabra es el verbo y el verbo es Dios.

Victor Hugo, «Aurora», de
Les Contemplations.

La palabra es la obra de la acción.

Demócrito, citado por Diógenes Laercio,
Vidas de filósofos.

La palabra (...) es una lámina que alarga siempre los sentimientos.

Gustave Flaubert, *Madame Bovary.*

Las buenas palabras valen mucho y cuestan poco.

George Herbert, *Jacula Prudentum.*

Las palabras tienen una vida más larga que los hechos.

Píndaro, *Nemeas.*

Las palabras son los pasantes misteriosos del alma.

Victor Hugo, «Aurora»,
de *Les Contemplations.*

Las palabras son para los pensamientos lo que el oro es para los diamantes: necesario para ponerlos en marcha, pero se necesita muy poco.

Voltaire, *Le sottisier.*

Las palabras son siempre una fuerza que se busca fuera de uno mismo.

Stendhal, *La duquesa de Pagliano.*

Las palabras son, se entiende, la droga más potente utilizada por el género humano.

Kipling, discurso, 14 de febrero de 1923.

¡Oh palabras, cuántos delitos se cometen en vuestro nombre!

Eugène Ionesco, *Jacques o la sumisión.*

On a bouleversé la terre avec des mots.
Se ha arruinado la tierra con las palabras.

Alfred de Musset,
Con qué sueñan las muchachas.

Parole mie che per lo mondo siete.
Palabras mías que vais por el mundo.

Dante Alighieri.

Rem tene; verba sequentur.
Intenta tener muy claro lo que quieres decir y las palabras vendrán solas.

Catón el Censor.

Sequipedalia verba.
Palabras desmesuradas. (De un pie y medio de longitud, es decir, demasiado largas y complicadas).

Quinto Horacio Flaco, *Arte poética*, 97.

Para escribir

La palabra es civilización. La palabra, incluso la más contradictoria, mantiene el contacto: es el silencio lo que aísla.

Thomas Mann, *La montaña mágica.*

La palabra fue el hombre libre. El que no se puede expresar es un esclavo

(...). Hablar es un acto de libertad; la palabra es en sí misma libertad.

Anselm von Feuerbach,
La esencia del cristianismo.

La palabra humana es como una caldera agrietada con la que hacemos música que hace bailar a los osos cuando queremos conmover a las estrellas.

Gustave Flaubert, *Madame Bovary.*

La profesión de la palabra se parece un poco a la de la guerra: hay más riesgo que en otras, pero la fortuna es siempre más rápida.

Jean de La Bruyère, *Los caracteres.*

Para poder ser fuerte es necesario convertirse en un artista de la palabra; porque la fuerza del hombre se encuentra en la lengua, y la palabra es más potente que cualquier arma.

Ptah-Hotep, *Máximas e instrucciones.*

Se podrían clasificar las actividades humanas según el número de palabras que necesitan: cuantas más necesitan más se tiene que pensar mal de su carácter.

Robert Musil, *El hombre sin atributos.*

Una palabra no es la misma en un escritor y en otro. Uno se la arranca de las vísceras y otro se la saca del bolsillo del abrigo.

Charles Péguy, *Victor-Marie, conde Hugo.*

PATRIA

Para hablar

C'est la cendre des morts qui créa la patrie.
Son las cenizas de los muertos lo que
creó la patria.
Alphonse de Lamartine,
Harmonies poétiques et religieuses.

Ingrata patria, ne ossa quidem mea habeas.
Oh patria ingrata, que no tengas ni siquiera mis huesos.
Inscripción en la tumba
de Escipión el Africano.

La idea de patria está casi muerta,
gracias a Dios.
Gustave Flaubert, *Lettere.*

La patria es donde se vive feliz.
Voltaire, *El siglo de Luis XIV.*

La patria es siempre donde se prospera.
Aristófanes, *Pluto.*

La verdadera patria es aquella en la
que encontramos el mayor número de
personas que son parecidas a nosotros.
Stendhal, *Crónicas italianas.*

Les grands artistes n'ont pas de patrie.
Los grandes artistas no tienen patria.
Alfred de Musset, *Lorenzaccio.*

Que muera la patria y que la humani-
dad esté salvada.
Pierre-Joseph Proudhon,
La federación y la unidad en Itallia.

Ubi bene, ibi patria.
Donde está el bien, allí está la patria.
Citado por Marco Tulio Cicerón
en *Tusculanas.*

*Una d'arme, di lingua e d'altare, / di
memorie, di sangue e di cor.*
Una de armas, de lengua y de altar, /
de memorias, de sangre y de corazón.
Alessandro Manzoni, *Marzo 1821.*

Para escribir

*D'una terra son tutti: un linguaggio /
parlan tutti: fratelli li dice / lo straniero:
il comune lignaggio / a ognun d'essi dal
volto traspar.*
De una tierra son todos: una lengua /
hablan todos: hermanos los llama / el
extranjero: el común linaje / se lee en
sus rostros.
Alessandro Manzoni, *Il conte di Carmagnola*,
escena VI, acto II, coro.

Mientras, doméstica o extranjera, tenga usted tiranía, ¿cómo puede tener
patria? La patria es la casa del hombre, no la del esclavo.
Mazzini, *Ai giovani d'Italia.*

Porque no hay nada más tierno que la
patria y los padres, / aunque se viva
lejos en una casa muy rica / en tierra
extranjera y lejos de los padres.
Homero, *Odisea*, IX, 34-36 (Ulises).

PAZ

Para hablar

¡El alba de la paz es la cruz!
> Davide Maria Turoldo.

Hagamos la guerra para poder vivir en paz.
> Aristóteles, *Ética a Nicómaco.*

La paz es para el mundo lo que la levadura es para la pasta.
> Talmud.

La paz eterna es un sueño y ni siquiera un bonito sueño.
> Helmut von Moltke,
> carta al profesor Kaspar Bluntschli.

La paz tiene sus victorias / no menos famosas que las de la guerra.
> John Milton, *A Cromwell.*

La única garantía de una larga paz entre dos estados es la impotencia recíproca de perjudicarse.
> Duque de Lévis,
> *Máximas, preceptos y reflexiones.*

Más que un final de la guerra, queremos un final de los principios de todas las guerras.
> Franklin Delano Roosevelt, mensaje
> radiofónico para el Jefferson Day,
> 13 de abril de 1945.

Nulla salus bello: pacem te poscimus omnes.
Ningún bien proviene de la guerra: todos anhelamos la paz.
> Publio Virgilio Marón, *Eneida*, XI, 362.

Ostendite modo bellum, pacem habebitis.
Mostraos preparados para la guerra y obtendréis la paz.
> Tito Livio, *Ab urbe condita*, VI, 18.

Para escribir

El famoso *si vis pacem, para bellum* no es más que un juego de palabras del oráculo de Delfos. Volvamos señores al sentido común que dice: *si vis pacem, para pacem*.
> Filippo Turati, discurso parlamentario,
> 12 de junio de 1909.

La paz es más importante que cualquier justicia; y la paz no se hizo por amor a la justicia sino que se hizo la justicia por amor a la paz.
> Martín Lutero, *Del matrimonio.*

La paz no es ausencia de guerra: es una virtud, un estado de ánimo, una disposición a la benevolencia, a la confianza y a la justicia.
> Baruch de Spinoza,
> *Tratado teológico-político.*

PECADO

Para hablar

Dios no mira al pecado, obra del hombre, sino que mira al hombre, obra de arte de Dios.

San Basilio.

El que no peca ante Dios y ante el zar no es culpable.

Fëdor Sologub, *El demonio mezquino*.

Intra muros peccatur et extra.
Se peca dentro y fuera de los muros.

Quinto Horacio Flaco, *Sátiras*, I, 2, 16.

Lo que hay más contrario a la salvación no es el pecado sino la costumbre.

Charles Péguy.

No existe ningún pecado, sólo la estupidez.

Oscar Wilde, *El crítico como artista*.

Un pecado encubierto está medio perdonado.

Giovanni Boccaccio, *Decamerón*.

Un pecado es todo aquello que oscurece el alma.

André Gide, *La sinfonía pastoral*.

Para escribir

Es una lástima, decía un italiano, que no sea un pecado beber agua. ¡Parecería mucho más buena!

Lichtenberg, *Observaciones y pensamientos*.

Esto peccator et pecca fortiter, sed fortius fide et gaude in Christo.
Sé pecador y peca fuerte, pero con más fuerza confía y disfruta en Cristo.

Martín Lutero, *Carta a Melanchton*.

Le scandale du monde est ce qui fait l'offense, / et ce n'est pas pécher que pécher en silence.
La culpa se encuentra en dar un escándalo público, y pecar en silencio no es pecar.

Molière, *Tartufo*.

Lo sabías, pecar no significa hacer el mal: / no hacer el bien, esto significa pecar.

Pier Paolo Pasolini, «A un Papa», de *Umiliato e offeso*.

Si no sabes llevar tu pecado no es culpa de tu pecado; si reniegas de tu pecado, tu pecado no es indigno de ti, sino tú de él.

Jouhandeau, *Álgebra de los valores morales*.

173

PENSAMIENTO

Para hablar

Cogitationis poenam nemo patitur.
Nadie puede ser castigado por lo que piensa.
Ulpiano, en el Corpus Iuris.

Cogito, ergo sum.
Pienso, luego existo.
Descartes, Principia philosophiae.

El hombre es Dios gracias al pensamiento.
Alphonse de Lamartine,
Meditaciones poéticas, primer prólogo.

Gedanken sind zollfrei.
Los pensamientos no pagan arancel.
Martín Lutero, Sobre la autoridad seglar.

Hojeo los ensayos antiguos y encuentro en ellos mis pensamientos más modernos.
Aleksander Solzhenitsin, El primer círculo.

La pensée fait la grandeur de l'homme.
El pensamiento hace la grandeza del hombre.
Blaise Pascal, Pensamientos.

Los buenos pensamientos se tienen que poder ver incluso desde atrás.
Hugo von Hofmannsthal,
El libro de los amigos.

Los grandes pensamientos proceden de la razón.
Conde de Lautréamont, Poésies, II.

Nada es más peligroso que un gran pensamiento en un cerebro pequeño.
Hippolyte Taine,
Los orígenes de la Francia contemporánea.

Ningún pensamiento está contento de sí mismo.
William Shakespeare,
Ricardo II, acto V, escena V.

No es necesario decir todo aquello que se piensa, pero es necesario pensar todo lo que se dice.
Proverbio español.

Quien piensa poco se equivoca mucho.
Leonardo da Vinci, Escritos.

Se gira un pensamiento como un vestido, para utilizarlo varias veces.
Vauvenargues, Pensieri diversi.

Toda la dignidad del hombre se encuentra en el pensamiento.
Blaise Pascal, Pensamientos.

Un pensamiento, una vez expresado, es una mentira.
Fëdor Tjutcev, Silentium.

Vestíos de blanco / oh pensamientos negros míos.

Torquato Tasso,
«Mentre angoscia e dolore», de Rime.

Para escribir

El hombre está visiblemente hecho para pensar; es toda su dignidad y todo su oficio; y todo su deber es pensar como se debe.

Blaise Pascal, Pensamientos.

Para saber si un pensamiento es nuevo sólo existe un medio: expresarlo con la máxima simplicidad.

Vauvenargues, Pensamientos.

Quizá descubramos un día que la misma lógica obra en el pensamiento místico y en el pensamiento científico, y que el hombre ha pensado siempre igualmente bien.

Claude Lévi-Strauss,
Antropología estructural.

Todos los pensamientos inteligentes ya se han pensado; es necesario sólo intentar pensarlos de nuevo.

Johann Wolfang von Goethe,
Máximas y reflexiones.

Un único pensamiento del hombre vale más que el universo entero. Por ello, sólo Dios es digno de él.

San Juan de la Cruz, Obras espirituales.

PLACER

Para hablar

Después de todo, el placer es una guía más segura que el derecho o el dolor.
Samuel Butler, *Cuadernos.*

El arte de dar sabor a los placeres es la de ser avaros de ellos.
Jean-Jacques Rousseau,
Julia o La nueva Eloísa.

El hombre más rico es aquel cuyos placeres son más baratos.
Henry David Thoreau,
Diario, 11 de marzo de 1856.

El placer es pecado, y a veces el pecado es un placer.
George Gordon Noel Byron, *Don Juan.*

El sabio intenta alcanzar la ausencia de dolor, no el placer.
Aristóteles, *Ética a Nicómaco.*

Los placeres violentos son como los sufrimientos profundos: son mudos.
Denis Diderot, *La paradoja del comediante.*

Trahit sua quemque voluptas.
Cada uno persigue su placer.
Publio Virgilio Marón, *Bucólicas*, II, 65.

Una mitad del mundo no consigue entender los placeres de la otra mitad.
Jane Austen, *Emma.*

Para escribir

Cuando se quiere placer en el mundo, es necesario dejarse enseñar muchas cosas que se saben de personas que las ignoran.
Sébastien-Roch-Nicolas Chamfort,
Máximas, pensamientos, caracteres y anécdotas.

El hombre a quien no le gusta nadie es mucho más infeliz del que no gusta a nadie.
François de la Rochefoucauld, *Máximas.*

El placer es el mejor medio de reconocimiento que nos ofrece la Naturaleza y (...) aquel que lo ha sufrido mucho es menos sabio que aquel que lo ha disfrutado mucho.
Gabrielle D'Annunzio, *Il fuoco.*

La naturaleza ignora, en el sentido estricto de la palabra, el placer: conoce sólo la satisfacción de la necesidad. Todos los placeres son sociales, y en los impulsos no sublimados, no menos que los demás.
Max Horkheimer y Theodor W. Adorno,
Dialéctica de la ilustración.

Uno de esos momentos privados de acontecimientos que en un principio parecen sólo un anillo de paso entre el placer pasado y el placer futuro, pero más tarde se revelan igualmente como placer.
Francis Scott Fitzgerald, *Suave es la noche.*

POBREZA

Para hablar

Aquí abajo la pobreza es una vergüenza que no lava ningún mérito.

Ugo Foscolo, *Epistolario*.

Cuando los ricos se pelean entre ellos son los pobres los que mueren.

Jean-Paul Sartre, *El diablo y el buen Dios*.

Beati pauperes: quia vestrum est regnum Dei.
Bienaventurados los pobres porque vuestro es el reino de Dios.

Lucas, 6, 20.

El arte de ser felices incluso siendo pobres se resume todo en una frase: podría ir peor.

Lin Li Weng, *El arte de vivir*.

El hombre pobre tiene los días largos.

Giovanni Verga, *Los Malasangre*.

Es con los pobres que los ricos hacen las guerras.

Louis Blanc, *La organización del trabajo*.

Haud facile emergunt quorum virtutibus obstat / res angusta domi.
No es fácil emerger para aquellos a quienes tienen como obstáculo la escasez de los medios.

Decio Junio Juvenal, *Sátiras*, III, 164.

La falta de dinero es la raíz de todos los males.

Shaw, *Hombre rico, hombre pobre*.

La miseria tiene sus gestos. El propio cuerpo a la larga adopta costumbres de pobre.

Edmond y Jules de Goncourt,
Ideas y sensaciones.

La pobreza es como una gran luz en el fondo del corazón.

Rainer Maria Rilke,
El libro de la pobreza y de la muerte.

La pobreza (...) deja en quien la ha vivido un sufrimiento que soporta mal que se hable de miseria sin conocimiento de causa.

Albert Camus, prólogo a Louis Guilloux,
La casa del pueblo.

Nil habet infelix paupertas durius in se / quam quod ridiculos homines facit.
La pobreza no tiene en sí nada más cruel que el hecho que hace ridículos a los hombres.

Decio Junio Juvenal, *Sátiras*, III, 152.

Omnia mea mecum porto.
Llevo conmigo todo lo que poseo.

Atribuido a uno de los Siete sabios.

177

Pauper ubique iacet.
Al pobre le va siempre mal.
Publio Ovidio Nasón, *Fastos*, I, 218.

Quien poco tiene, amor tiene.
Giovanni Verga, *Dal tuo al mio*.

Para escribir

El niño estaba enfermo desde el nacimiento, afectado por una enfermedad de la que pueden librarse sólo los hombres más vitales. Estoy hablando de la pobreza, que es la enfermedad más mortal y más imperiosa.
Eugene O'Neill, *Niebla*.

Habrá siempre pobres entre vosotros, porque habrá siempre ricos, es decir, hombres ávidos y duros que buscan no tanto la posesión sino el poder.
Georges Bernanos, *Diario de un cura rural*.

La pobreza es una compañera ardiente y temible; es la más antigua nobleza del mundo. Muy pocos son dignos de ella.
André Suarès, *Péguy*.

La pobreza es una sordina que actúa bajo todas las formas de la actividad humana, sin excluir las espirituales.
Henry Louis Mencken, *Un libro de prólogos*.

La pobreza puede esconder la arrogancia, así como el dolor por una desgracia puede crear la máscara de la falsedad.
Gibran Jalil Gibran, *Dichos espirituales*.

Pensamos que no es un deshonor reconocer que se es pobre, pero que es una auténtica degradación no intentar librarse de la pobreza.
Tucídides,
Historia de la guerra de Peloponeso.

Un sabio se lamentaba de su miseria y había ido a un prado a comer hierba. Se giró y vio que otro comía las hierbas que él había dejado atrás.
Calderón de la Barca, *La vida es sueño*.

PODER

Para hablar

El poder no se coge, se recoge.
De Gaulle.

La debilidad del poder supremo es la más terrible calamidad de los pueblos.
Napoleón.

Non omnia possumus omnes.
No todos podemos todo.
Publio Virgilio Marón, *Bucólicas*, VIII, 63.

Un hombre puede construirse un trono de bayonetas, pero no nos podemos sentar encima.
W. R. Inge, deán de San Pablo (Londres).

Para escribir

Nadie está preparado para cubrirse de poder (...). Todo el que ha vivido sabe las locuras y la maldad de la que es capaz. Si no lo sabe no es apto para gobernar a los demás. Y si lo sabe, sabe también que ni a él ni a nadie más debería permitírsele decidir un único destino humano.
Charles Percy Snow, *The light and the dark*.

Se puede formular la regla de que cuanto más antiguo sea el ejercicio de un poder más parecerá benévolo, mientras que cuanto más reciente es su adquisición más innatural e incluso peligroso parecerá.
John K. Galbraith, *El nuevo estado industrial*.

Sea cual sea la superioridad intelectual de un hombre, no puede asumir nunca una supremacía práctica y útil sobre los demás sin la ayuda de algún artificio o pantalla, que en definitiva será siempre más o menos bajo y mezquino.
Herman Melville, *Moby Dick*.

Sucede con las ganas de poder lo que con las ganas de comer: en las almas débiles la primera es a menudo muy fuerte y la segunda, a menudo, es muy grande en los hombres de digestión delicada.
Ludwig Börne, *Fragmentos y aforismos*.

POESÍA

Para hablar

A poem should not mean / but be.
Una poesía no tiene que significar
sino que tiene que ser.

Archibald McLeish, *Ars poetica.*

Cada poesía es misteriosa; nadie sabe
completamente lo que se le ha concedido escribir.

Jorge Luis Borges,
prólogo a *Antología poética.*

De la poesía diré ahora que es, creo, el
sacrificio donde las palabras son las
víctimas.

Georges Bataille, *Somme athéologique.*

El recuerdo es poesía, y la poesía no
es más que recuerdo.

Giovanni Pascoli, prólogo a *Primi poemetti.*

Ese tono correcto de hablarse a uno
mismo que es el secreto de la gran
poesía.

Antonio Baldini, «Soffici»,
de *Amici allo spiedo.*

La gran poesía es sencillamente lenguaje lleno de significado al nivel más
alto posible.

Pound, *Cómo se debe leer.*

La poesía es el secreto del alma; ¿por
qué arruinarla con las palabras?

Gibran Jalil Gibran, *Dichos espirituales.*

La poesía es la luz de un rayo; cuando
es sólo un acercamiento de palabras
se convierte en simple composición.

Gibran Jalil Gibran, *Dichos espirituales.*

La poesía es entender lo completo.
¿Cómo hacerla entender sólo a quien
concibe lo particular?

Gibran Jalil Gibran, *Dichos espirituales.*

La poesía es la razón puesta en música.

De Sanctis, «Les Contemplations de Victor
Hugo», de los *Essais critiques.*

La poesía es una ciencia exacta,
como la geometría.

Gustave Flaubert, carta a Louise Colet,
15 de enero de 1853.

La poesía es una forma de tomarse la
vida quitándose el aliento.

Robert Frost, *Comment.*

La poesía es una llama en el corazón,
pero la retórica son copos de nieve.
¿Cómo pueden estar juntos la llama y
la nieve?

Gibran Jalil Gibran, *Dichos espirituales.*

La poesía fija el recuerdo de los mejores y más felices momentos de los espíritus más felices y mejores.

Percy Bysshe Shelley, *Defensa de la poesía*.

La poesía no consiste en decir de forma estudiada una cosa común.

Giuseppe Baretti, *La frusta letteraria*.

.

La poesía no está hecha de estas letras que planto como clavos sino de lo blanco que queda en el papel.

Paul Claudel, *Cinco grandes odas*.

La poésie sera de la raison chantée.
La poesía será razón cantada.

Alphonse de Lamartine,
El destino de la poesía.

La verdadera poesía puede comunicar incluso antes de ser entendida.

T. S. Eliot, *Dante*.

Las poesías son cristales que sedimentan después del efervescente contacto del espíritu con la realidad.

Pierre Reverdy, *En vrac*.

Muere Júpiter y el himno del poeta permanece.

Giosué Carducci, «Dante», de *Rime nuove*.

O del forte sentir più forte figlia.
Oh, del fuerte sentir la más fuerte de las hijas.

Alfieri, soneto «Bella, oltre l'arti tutte,
arte è ben questa», de las *Rimas*.

Para que la poesía sea buena, tiene que ser tal que no tuerza nunca la recta idea de las cosas.

Giuseppe Baretti, *La frusta letteraria*.

Poesía es enfermedad.

Franz Kafka,
Conversaciones con Gustav Janouch.

Si la poesía no nace con la misma naturaleza de las locuras sobre los árboles, es mejor que ni siquiera nazca.

John Keats, carta a John Taylor,
27 de febrero de 1818.

Para escribir

Antiguamente se creía que el azúcar se extraía solamente de la caña de azúcar, ahora se extrae casi de cada cosa. Lo mismo sucede con la poesía: extraigámosla de donde queramos porque está por todas partes.

Gustave Flaubert, *Correspondencia*.

Ningún canto realmente grande puede alcanzar la plenitud de su significado si no es mucho tiempo después de la muerte de su creador; hasta que no ha acumulado e incorporado las muchas pasiones, las muchas alegrías y los dolores que ha despertado.

Walt Whitman, *November boughs*.

Para mí la poesía no ha sido un objetivo sino un pasión; y las pasiones

merecen reverencia; no se pueden —
no se deben— excitar a gusto propio,
con un ojo en las mezquinas compen-
saciones, o en los mezquinos elogios
de la humanidad.

Edgar Allan Poe,
El cuervo y otros poemas, prólogo.

Si leo un libro y todo mi cuerpo se
vuelve tan frío que ningún fuego consigue calentarlo, sé que es poesía. Si
me siento, materialmente, como si me
hubieran levantado la bóveda craneal,
sé que es poesía. Para mí, son las únicas
formas de reconocerla. ¿Existen otras?

Emily Dickinson, citada por
Martha Golbert Dickinson Bianchi,
Life and Letters of Emily Dickinson.

Una bonita poesía es una contribu-
ción a la realidad. El mundo ya no es
lo mismo después de haberle añadido
una bonita poesía.

Dylan Thomas, *Quite early one morning*.

POETA

Para hablar

Au pied de l'échafaud, j'essaye ancore ma lyre.
A los pies del patíbulo yo sigo tocando mi lira.
> André de Chénier, *Yámbicos*, IX.

Aut prodesse volunt aut delectare poetae.
Los poetas quieren o deleitar o recrear.
> Quinto Horacio Flaco, *Arte poética*, 333.

Chameleons feed on light and air: / poet's food is love and fame.
Los camaleones se alimentan de luz y de aire: los alimentos de los poetas son el amor y la fama.
> Percy Bysshe Shelley, *Exhortaciones*.

Donc le poète est vraiment voleur de feu.
Entonces el poeta es realmente un ladrón de fuego.
> Arthur Rimbaud, *Cartas del vidente*.

El gran poeta, al escribirse a sí mismo, escribe su tiempo.
> T. S. Eliot,
> *Shakespeare y el estoicismo de Séneca.*

El poeta empieza donde termina el hombre.
> José Ortega y Gasset,
> *La deshumanización del arte.*

El poeta es el genio del recuerdo.
> Soren Kierkegaard, *Temor y temblor.*

El poeta mira al mundo como un hombre mira a una mujer.
> Wallace Stevens, *Opus posthumous.*

El poeta no sueña: cuenta.
> Jean Cocteau, *Plain-chant.*

El verdadero poeta cree, luego comprende... algunas veces.
> Henri Michaux, *Miserable milagro.*

Genus irritabile vatum.
Los poetas son gente irritable.
> Quinto Horacio Flaco, *Epístolas*, II, 2, 102.

La vie d'un poète est celle de tous.
La vida de un poeta es la de todos.
> Gérard de Nerval, *Petits chateaux de Bohème.*

Los hombres del mundo joven, por naturaleza, fueron poetas sublimes.
> Giambattista Vico, *Ciencia nueva.*

Los poetas dicen muchas mentiras
> Solón, fragmento.

Los poetas no olvidan.
> Salvatore Quasimodo, «La vita non è sogno», de *Il mio paese è l'Italia.*

Los poetas son (...) los espejos de las sombras descomunales que el futuro lanza sobre el presente.
Percy Bysshe Shelley, *Defensa de la poesía.*

Nada puede ser inútil para un poeta.
Samuel Johnson, *La historia de Rásselas, príncipe de Abisinia.*

Quizá nadie puede ser poeta, y quizá ni siquiera disfrutar de la poesía sin una pizca de locura.
George Macaulay, *Ensayos literarios.*

Soy un poeta / un grito unánime / soy un grumo de sueños.
Giuseppe Ungaretti, «Italia», de *La alegría.*

Todos los poetas están locos.
Robert Burton, *Anatomía de la melancolía.*

Un soñador es siempre un mal poeta.
Jean Cocteau, *Le Coq et l'Arlequin.*

Uno se puede convertir en buen poeta además de nacer buen poeta.
Ben Johnson, *In memoria di Shakespeare.*

Para escribir

El deber del poeta (...) es examinar no al individuo sino a la especie; observar las cualidades generales y el aspecto total. El poeta no cuenta las vetas del tulipán.
Samuel Johnson, *La historia de Rásselas, príncipe de Abisinia.*

El poeta es siempre más pequeño y más débil que la media de los hombres. Por esta razón siente más intensamente, con más fuerza que los demás el peso de su presencia en el mundo. Su canto, para él personalmente, es sólo un grito. Para el artista, el arte es un sufrimiento del que se libera con vistas a un sufrimiento nuevo.
Franz Kafka, *Conversaciones con Gustav Janouch.*

El poeta es un niño, convertido en adulto, que se maravilla de las cosas que le suceden.
Umberto Saba, *Scorciatoie e raccontini.*

El verdadero poeta anhela la claridad (...). Tiene conciencia de que la palabra es difícil y se desespera por ello, la hace fatalmente más oscura, más enredada en los significados que, intentando desnudarla y cubrirla de luz, la multiplican.
Giuseppe Ungaretti, prólogo a *Visioni di William Blake.*

En tres cuartas partes de los hombres hay un poeta que muere joven mientras el hombre sobrevive.
Charles Augustin Sainte-Beuve, *Retratos literarios.*

Il poeta è un grande artiere, / che al mestiere / fece i muscoli d'acciaio: / capo ha fier, collo robusto, / nudo il busto, / duro il braccio, e l'occhio gaio.
El poeta es un gran artesano, / que para el oficio / educó sus músculos: / cabeza

altiva, cuello robusto, / desnudo el busto, / duro el brazo, y el ojo vivaz.

Giosué Carducci, *Rime nuove.*

La prueba de un poeta es que su país lo absorba con el mismo afectuoso amor con el que él ha absorbido su país.

Walt Whitman, *Hojas de hierba*, prólogo a la primera edición.

Videbis poetas raros quidem, natura rerum disponente ut rara quoelibet cara simul et clara sint.

Verás que los poetas son raros puesto que la naturaleza hace que sean raras esas cosas que son también preciosas y luminosas.

Francesco Petrarca, *Invectiva contra un médico.*

POLÍTICA

Para hablar

Die Politik is keine exakte Wissenschaft.
La política no es una ciencia exacta.
Bismarck, discurso en el Reichstag,
18 de diciembre de 1863.

El hombre es por naturaleza un animal político.
Aristóteles, *Política.*

En política es necesario curar los males, no vengarlos.
Napoleón III, *Ideas napoleónicas.*

En política, la sabiduría es no responder a las preguntas. El arte, no dejárselas hacer.
André Suarès, *Voici l'homme.*

La mayor virtud política es no perder el sentido de conjunto.
Emmanuel Mounier, *Suite française.*

La política es el arte de impedir a la gente que se entrometa en lo que le atañe.
Valéry, *Tel Quel.*

La política estropea el carácter.
Bismarck, atribuido.

La política no es una ciencia, como muchos señores profesores se imaginan, sino un arte.
Bismarck, discurso en el Reichstag,
15 de marzo de 1884.

La politique n'a pas d'entrailles.
La política no tiene entrañas.
Napoleón III.

No es serio en política contar con las convicciones, la devoción y las bonitas cualidades del alma.
Vladimir Ilich Lenin,
en el XI congreso del Partido Comunista.

Para escribir

El secreto del agitador es volverse tan estúpido como sus oyentes, de forma que estos crean ser tan inteligentes como él.
Karl Kraus,
Contra los periodistas y otros contras.

Existe una única regla para los hombres políticos de todo el mundo: cuando estás en el poder, no decir las mismas cosas que dices cuando estás en la oposición. Si lo haces, ganas sólo tener que hacer lo que los demás han encontrado imposible.
John Galsworthy, *Ancella.*

186

PROFESIONES

Para hablar

Generalmente, todas las profesiones destruyen la armonía de las ideas.

Charles de Secondat, barón de Montesquieu, *Ensayo sobre las causas que pueden influir en el espíritu y en el carácter.*

Lo más importante de la vida es la elección de la profesión. La casualidad dispone.

Blaise Pascal, *Pensamientos.*

Ne sutor supra crepidam (iudicaret).
El zapatero remendón no debe juzgar más allá de los zapatos.

Cayo Plinio Segundo (el Viejo), *Historia natural.*

Si uno es ridículo en su profesión, ¿en qué será elegante?

Jean Giono, *El húsar en el tejado.*

Todas las profesiones son conspiraciones contra los profanos.

Shaw, *El dilema del doctor.*

Para escribir

Incluso las profesiones menos agradables tienen su lado positivo. Por ejemplo, si fuera un sepulturero o incluso un verdugo, existen algunas personas para las que trabajaría con verdadero entusiasmo.

Douglas Jerrolds, *Wit and opinions of D. J.*

PROGRESO

Para hablar

Creer en el progreso no significa creer que un progreso ya haya existido.

Franz Kafka, *Diarios*.

El progreso es la ley de la vida. El hombre no es todavía hombre.

Robert Browning, *Paracelso*.

El progreso es una agradable enfermedad.

Edward Estlin Cummings, *One times one*.

Incluso el progreso, que se ha convertido en viejo y sabio, votó en contra.

Ennio Flaiano, *La saggezza di Pickwick*.

La naturaleza del hombre no progresa siempre; tiene sus arrebatos y sus recaídas.

Blaise Pascal, *Pensamientos*.

Mil cosas que avanzan, novecientas noventa y nueve que retroceden: esto es el progreso.

Henri Frédéric Amiel,
Fragmentos de un diario íntimo.

No se consigue la felicidad de muchos haciéndolos correr antes de que hayan aprendido a caminar.

John Fowles, *La mujer del teniente francés*.

No siempre lo que viene después es progreso.

Alessandro Manzoni, *Del romanzo storico*.

Para escribir

Cada generación que intenta destruir los buenos resultados de una época precedente está convencida de mejorarlos.

Robert Musil, *El hombre sin atributos*.

El hombre razonable se adapta al mundo; el irracional insiste en intentar adaptar el mundo a sí mismo. Por lo tanto, todo progreso depende del hombre irracional.

Shaw, *Hombre rico, hombre pobre*.

Lo que nos aportará seguramente el tiempo es una pérdida; una ganancia o una compensación son casi siempre concebibles pero nunca ciertas.

T. S. Eliot, *Notas para la definición
de la cultura*.

No se progresa intentando mejorar lo que ya se ha hecho, sino intentando realizar lo que todavía no existe.

Gibran Jalil Gibran, *Dichos espirituales*.

Todo progreso está basado en el deseo universal, innato en cada organismo, de vivir mejor de lo que consienten sus entradas.

Samuel Butler, *Cuadernos*.

PUEBLO

Para hablar

El primer bien de un pueblo es su dignidad.

> Cavour, discurso parlamentario,
> 16 de abril de 1858.

El pueblo tiene que ser guiado y no instruido.

> Voltaire, carta a Damilaville,
> 19 de marzo de 1766.

Al pueblo no le gusta ni lo verdadero ni lo sencillo: prefiere la charlatanería y lo novelesco.

> Edmond y Jules de Goncourt, *Diario*.

Le silence du peuple est la leçon des rois.
El silencio del pueblo es la lección de los reyes.

> Monseñor J. B. de Beauvais.

Salus populi suprema lex.
El bien del pueblo es ley suprema.

> Marco Tulio Cicerón, *De legibus*.

Se puede conseguir que el pueblo siga una causa, pero no conseguir que la entienda.

> Confucio, *Analectas*.

Vox populi, vox dei.
Voz del pueblo, voz de Dios.

> Dicho anónimo.

Para escribir

Augescunt aliae gentes, aliae minuuntur, / inque brevi spatio mutantur saecla animantum / et quasi cursores vitae lampada tradunt.
Un pueblo crece, el otro declina, / y en poco tiempo se subsiguen las estirpes mortales, / casi a relevos se pasan las antorchas de la vida.

> Tito Lucrecio Caro,
> *De la naturaleza de las cosas*, II, 77-79.

Quien dijo un pueblo dijo realmente un animal loco, lleno de miles de errores, de miles de confusiones, sin gusto, sin placeres, sin estabilidad.

> Francisco Guicciardini,
> *De la vida política y civil*.

Hay en este mundo dos verdades que no debemos separar nunca: 1.ª que la soberanía reside en el pueblo; 2.ª que el pueblo no debe nunca ejercerla.

> Antoine de Rivarol,
> *Journal politique national*, 1.ª serie, n.º 13.

Mirad cómo con un soplido alejo esta pluma de mi cara, y cómo el aire me la devuelve: obedeciendo a mi aliento hasta que yo soplo, cediendo al otro cuando el mío se detiene, y dominada siempre por el más fuerte. Esta es la imagen de vuestra ligera movilidad, hombres del pueblo.

> William Shakespeare,
> *Enrique VI*, acto III, escena I.

RAZÓN

Para hablar

Demostrar que tengo razón significaría admitir que podría haberme equivocado.

Pierre Agustín Caron de Beaumarchais,
Las bodas de Fígaro.

Dos excesos: excluir la razón, admitir sólo la razón.

Blaise Pascal, *Pensamientos.*

If reasons were as plenty as blackberries.
Si las razones fueran numerosas como las moras.

William Shakespeare,
Enrique IV, acto II, escena IV.

La naturaleza es grande y la razón pequeña.

Giacomo Leopardi,
Zibaldone.

La raison du plus fort est toujours la meilleure.
La razón del más fuerte es siempre la mejor.

Jean de La Fontaine,
«El lobo y el cordero», de las *Fábulas.*

La razón es la facultad más material que subsiste en nosotros.

Giacomo Leopardi,
Zibaldone.

La razón es la locura del más fuerte.
La locura es la razón del menos fuerte.

Eugène Ionesco, *Diario.*

Las mujeres prefieren tener razón antes que ser razonables.

Ogden Nash, *Good Intentions.*

Los hombres están siempre contra la razón cuando la razón está en contra de ellos.

Claude Adrien Helvétius,
Pensamientos filosóficos.

No existe una fuerza suficiente para mantener detrás a nuestra razón.

François de La Rochefoucauld, *Máximas.*

No se desea nunca ardientemente lo que se desea sólo por razón.

François de La Rochefoucauld, *Máximas.*

Un hombre cuanto más dominado esté por la razón más difícilmente será grande.

Giacomo Leopardi,
Zibaldone.

Para escribir

¡Ah, no! ¡Gire la página, señora! ¡Si gira la página podrá leer que no hay más loco en el mundo que el que cree tener razón!

Luigi Pirandello, *Il berretto a sonagli.*

La razón es la palabra de la inteligencia que se refleja en ella como en una imagen.

Nicolás de Cusa, *Sobre la conjetura.*

La razón es una lámpara. La Naturaleza quiere ser iluminada por la razón, no incendiada.

Giacomo Leopardi, *Zibaldone.*

Los hombres gobernados por la razón (...) no desean para sí mismos nada que no deseen también para el resto de la humanidad.

Baruch de Spinoza, *Ética.*

Los hombres que se equivocan envejecen y mueren; los que tienen razón no envejecen.

Don Lorenzo Milani, carta a don Antonio A., 20 de mayo de 1959.

No es razonable aquel que la casualidad hace encontrar la razón sino aquel que la conoce, la entiende y la aprecia.

François de La Rochefoucauld, *Máximas.*

Un hombre que no pierde la razón por ciertas cosas no tiene una razón para perder.

Gotthold Ephrain Lessing, *Emilia Galotti.*

REALIDAD

Este mundo es sólo una trama para nuestras fantasías.

Henry David Thoreau,
Una semana en los ríos Concord y Merrimack.

La raza humana no puede soportar mucha realidad.

T. S. Eliot, *Asesinato en la catedral.*

La realité ne se forme que dans la mémoire.
La realidad sólo se forma en la memoria.

Marcel Proust.

Soy un hombre para el que el mundo exterior existe.

Théophile Gautier, *Historia del romanticismo.*

Todo es un peligroso estupefaciente menos la realidad que es insoportable.

Cyril Connolly, *The unquiet grave.*

La realidad es el enemigo más hábil. Lanza sus ataques contra ese punto de nuestro corazón donde no nos lo esperábamos y donde no habíamos preparado defensas.

Marcel Proust, *La prisionera.*

No existe otro mundo aparte del mundo espiritual. Eso que nosotros llamamos mundo sensible es el Mal del mundo espiritual.

Franz Kafka, *Diarios.*

No hay más realidad que la que encerramos en nosotros mismos. Por esta razón tanta gente lleva una vida irreal: toma como realidad las imágenes externas.

Hermann Hesse, *Demian.*

Toda mi educación tiende a persuadirme de que el mundo de nuestra presente conciencia es sólo uno entre los tantos mundos de conciencia existentes.

William James,
Formas de la experiencia religiosa.

RECUERDO

Para hablar

Al recoger el fruto de la memoria se corre el riesgo de estropear la flor.

Joseph Conrad, *La flecha de oro*.

Aquel que no recuerda el bien pasado es viejo ya hoy.

Epicuro, del *Gnomologio Vaticano*.

Aquellos que no saben recordar el pasado, están condenados a repetirlo.

George Santayana, *La vida de la razón*.

El recuerdo de la felicidad ya no es felicidad. El recuerdo del dolor es todavía dolor.

George Gordon Noel Byron, *Marian Faliero, dux de Venecia*.

El recuerdo es el único paraíso del que no nos pueden echar.

Jean Paul, *Impromptus*.

La caridad feroz del recuerdo.

Giuseppe Ungaretti, «Ultimi cori per la Terra Promessa, Coro 2», de *Il taccuino del vecchio*.

Recordar es el signo de la vejez.

Giuseppe Ungaretti, «Monologhetto», del *Un grido e paesaggi*.

Les souvenirs sont cors de chasse / dont meurt le bruit parmi le vent.
Los recuerdos son cuernos de caza / cuyo sonido muere en el viento.

Guillaume Apollinaire, «Cors de chasse», de *Alcools*.

Sé que soy uno de esos que los hombres no aman; pero soy de aquellos de los que se acuerdan.

Percy Bysshe Shelley, citado por Charles Baudelaire, *Lettre à Sainte-Beuve*.

Suavis laborum est praeteritorum memoria.
Es dulce el recuerdo de las penas pasadas.

Marco Tulio Cicerón, *De finibus bonorum et malorum*.

Para escribir

Los hombres recuerdan más las injurias que los halagos; e incluso cuando recuerdan el halago lo consideran menor de lo que en realidad fue, convenciéndose de merecer más de lo que realmente merecen. Lo contrario sucede con la injuria.

Francisco Guicciardini, *De la vida política y civil*.

Murphy pertenecía al ejército de esos elegidos que exigen que cada cosa les recuerde otra.

Samuel Beckett, *Murphy*.

Normalmente los recuerdos envejecen junto al hombre (...) y los episodios más apasionados adquieren con el tiempo una perspectiva ridícula, como si se vieran en el fondo de una fila de noventa y nueve puertas abiertas de par en par.

Robert Musil, *El hombre sin atributos*.

¿Se puede recordar el amor? Es como evocar un perfume de rosas en una bodega. Puede recordarnos la imagen de una rosa pero no su perfume.

Arthur Miller, *Tras la caída*.

¿Silvia, recuerdas todavía / ese tiempo de tu vida mortal, / cuando la belleza resplandecía / en tus sonrientes y fugitivos ojos (...)?

Giacomo Leopardi,
«A Silvia», de los *Cantos*.

RELIGIÓN

Para hablar

Cuantas más cosas transfiere el hombre en Dios, menos retiene en sí mismo.

Karl Marx, *El capital.*

Existe una única religión aunque existan un centenar de versiones.

Shaw, prólogo a *Comedias.*

Es buena cualquier religión que enseñe al hombre a ser bueno.

Thomas Paine, *Los derechos del hombre.*

Es más fácil morir por una religión que vivirla absolutamente.

Jorge Luis Borges, *Laberintos.*

Es religión incluso no creer en nada.

Cesare Pavese, *La casa in collina.*

La religión de un hombre no daña ni ayuda a otro.

Quinto Septimio Florente Tertuliano, *Ad Scapulam.*

La religión (...) es el opio de los pueblos.

Karl Marx, *Crítica de la filosofía del Estado de Hegel.*

La religión es la desesperación de la magia.

William Gaddis, *La sabiduría.*

La religión es la más gigantesca utopía, es decir, la más gigantesca metafísica aparecida en la historia.

Antonio Gramsci, *El materialismo histórico y la filosofía de Benedetto Croce.*

La religión (...) es la reacción total de un hombre a la vida.

William James, *Formas de la experiencia religiosa.*

La religión es una de las formas de la opresión espiritual.

Vladimir Ilich Lenin, *Socialismo y religión.*

Las religiones son como las luciérnagas: para brillar necesitan oscuridad.

Arthur Schopenhauer, *Parerga y paralipomena: escritos filosóficos menores.*

Tantum religio potuit suadere malorum. A tanta maldad ha podido arrastrar la religión a los hombres.

Tito Lucrecio Caro, *De la naturaleza de las cosas*, I, 101.

Una religión es tan verdadera como cualquier otra.

Robert Burton, *Anatomía de la melancolía.*

Para escribir

Aquel que no se deja arrastrar por los propios deseos levantará fácilmente el vuelo hacia las cosas espirituales, como el pájaro que no ha perdido ni una sola pluma.

San Juan de la Cruz.

Cuando una religión tiene la intención de imponer su doctrina a toda la humanidad, se degrada a tiranía y se convierte en una forma de imperialismo.

Rabindranath Tagore.

Hubo un tiempo en el que cada ciencia era ciencia de Dios; ahora, en cambio, se sabe de todo menos de Dios... Hubo un tiempo en el que el espíritu no tenía tregua en la búsqueda de Dios y despreciaba cualquier otro interés. El tiempo presente se ahorra este cansancio y no se siente mal por el hecho de no saber nada de Dios.

Georg Wilhelm Friedrich Hegel.

La falta de fe religiosa no me ha influido de ninguna forma. No he dudado nunca de Dios. Si mi razón no hubiera sido suficiente para comprenderlo, mi espíritu lo habría honrado igualmente.

Napoleón.

La religión es una ilusión, y deriva su fuerza del hecho que corresponde a nuestros deseos instintivos.

Sigmund Freud, *Nuevas lecciones introductorias al psicoanálisis.*

La religión no es un error popular, es una gran verdad instintiva, sentida por el pueblo y expresada por el pueblo.

Ernest Renan, *Los apóstoles.*

La religión no puede bajar más abajo desde que se ha elevado a religión de estado (...), se convierte entonces en una amante pública.

Heine, *Carta de Berlín.*

Por religión, por lo tanto, entiendo una propiciación o conciliación de las fuerzas superiores al hombre que se cree que dirigen y controlan el curso de la naturaleza y de la vida humana.

James George Frazer, *La rama dorada.*

Puedo afirmar, sin la más mínima duda, y sin embargo con plena humildad, qué significa no entender nada de la religión: el hecho de ver en ella alguna relación con la política.

Mahatma Gandhi, *Mis experiencias con la verdad. (Autobiografía).*

REVOLUCIÓN

Para hablar

Aquellos que hacen una revolución a medias no han hecho más que cavarse su propia tumba.

Louis Antoine León Saint-Just, Convención Nacional, 26 de febrero de 1794.

Aquellos que han servido a la causa de la revolución han arado el mar.

Simón Bolívar, atribuido.

Cada movimiento revolucionario es romántico por definición.

Antonio Gramsci, «Classicismo, romanticismo, Baratono...», en *Ordine nuovo*.

«C'est une révolte?»
«Non, Sire, c'est une révolution.»
«¿Se trata de una insurrección?»
«No, señor, se trata de una revolución».

Diálogo entre Luis XVI y el duque de Liancourt, ante la noticia de la caída de la Bastilla.

El momento de detener una revolución es al principio, no al final.

Adlai Stevenson, discurso del 9 de septiembre de 1952, San Francisco.

La revolución es la fiesta de los oprimidos y de los explotados.

Vladimir Ilich Lenin, *Dos tácticas de la socialdemocracia*.

La revolución es la inspiración frenética de la historia.

León Trotski, *Mi vida*.

La revolución es una gran destrucción de hombres y de caracteres. Consume a los valientes y anula a los menos fuertes.

León Trotski, *Mi vida*.

Las revoluciones —decía Marx— son las locomotoras de la historia.

Vladimir Ilich Lenin, *Dos tácticas de la socialdemocracia*.

Las revoluciones no se exportan. Las revoluciones nacen en el seno de los pueblos.

Che Guevara, discurso en la XIX asamblea general de las Naciones Unidas.

Las revoluciones no se hacen con el agua de las rosas.

Edward Bulwer-Lytton, *The Parisians*.

Les grands ne nous paroissent grands que parce que nous sommes à genoux. Levons nous!
Los mayores nos parecen grandes sólo porque nosotros estamos de rodillas. ¡Levantémonos!

Loustalot.

No se puede hacer una revolución con guantes de seda.

Stalin, de John Gunther, *Soviet Russia today*.

No son los hombres los que guían la revolución, es la revolución la que guía a los hombres.

Joseph de Maistre,
Consideraciones sobre Francia.

Sólo puede haber revolución donde hay conciencia.

Jean Jaurès, *Estudios socialistas*.

Para escribir

Arquímedes prometía dar la vuelta a la tierra si se le daba un punto de apoyo. Lo decía bien. Pero si le hubieran ofrecido el punto de apoyo se habría dado cuenta de que le faltaban la palanca y la fuerza. La revolución victoriosa nos da un nuevo punto de apoyo, pero para dar la vuelta al mundo, todavía no se han construido las palancas.

León Trotski, *La revolución traicionada*.

Las grandes revoluciones ganadoras, haciendo desaparecer las causas que las habían producido, se hacen incomprensibles a causa de su propio éxito.

Alexis de Tocqueville, *El antiguo Régimen y la Revolución*.

La revolución enriquece a los pobres que no quedan satisfechos; trastorna todas las cosas. En los primeros momentos es una desgracia para todos y un bien para nadie.

Napoleón.

La revolución es más un instinto que un pensamiento; como instinto actúa y se propaga, y como instinto dará incluso sus primeras batallas.

Bakunin, carta a Herwegh.

La revolución es uno de los males más grandes con el que el cielo castiga a la tierra. Es el flagelo de la generación que la cumple. Las ventajas no compensan el desorden que provoca.

Napoleón.

Las revoluciones no las hacemos nosotros: las hace Dios; y para convencerse de ello basta reflexionar con qué instrumentos las ganan.

Massimo d'Azeglio, *I miei ricordi*.

Los inferiores se revelan para poder ser iguales, y los iguales para poder ser superiores. Este es el estado de ánimo a partir del que nacen las revoluciones.

Aristóteles, *Política*.

Una revolución dura sólo quince años: un periodo que coincide con la eficiencia de una generación.

José Ortega y Gasset,
La rebelión de las masas.

RIQUEZA

Para hablar

A menudo, entre los ricos, la generosidad es sólo una forma de timidez.
Friedrich Nietzsche, *La gaya ciencia*.

Amo la riqueza, pero la que da la posibilidad de ayudar a los pobres.
Blaise Pascal, *Pensamientos*.

Crescentem sequitur cura pecuniam.
Con la riqueza crecen las preocupaciones.
Quinto Horacio Flaco, *Odas*, III, 16, 17.

Dat census honores.
La riqueza aporta honores.
Publio Ovidio Nasón,
Amores, III, 8, 55; *Fastos*, I, 217.

El secreto de las grandes fortunas sin causa aparente es un delito olvidado porque se realizó a la perfección.
Honoré de Balzac, *Papá Goriot*.

El uso de las riquezas es mejor que su posesión.
Fernando de Rojas, *La Celestina*.

Es difícil no quejarse de la pobreza, mientras que es fácil no mostrar con orgullo la riqueza.
Confucio, *Analectas*.

Es más fácil que un camello entre por el ojo de una aguja que un rico entre en el reino de los cielos.
Mateo, 19, 24.

Existen fortunas que gritan «¡imbécil!» al hombre honesto.
Edmond y Jules de Goncourt, *Journal*.

La posesión de las riquezas tiene redes invisibles en las que el corazón se engancha insensiblemente.
Jacques Bossuet,
Sermón sobre la Providencia.

La riqueza es una buena sirviente, pero la peor de las amantes.
Francis Bacon, *De dignitate et augmentis scientiarum*.

Las riquezas no te hacen rico sino que te dan trabajo.
Fernando de Rojas, *La Celestina*.

Los chistes de un rico hacen reír siempre.
T. E. Brown, *The doctor*.

Magna servitus est magna fortuna.
Una gran fortuna es una gran esclavitud.
Lucio Anneo Séneca,
Consolatio ad Polybium.

No es rico aquel que posee sino aquel que da, aquel que es capaz de dar.

Juan Pablo II.

Oh ciegos, sordos y desmemoriados ricos.

Burchiello.

Sin la riqueza es inútil ser un chico simpático.

Oscar Wilde, *Paradoja y genio: aforismos.*

Soy un millonario. Esta es mi religión.

Shaw, *El comandante Bárbara.*

Su voz está llena de dinero.

Francis Scott Fitzgerald, *El gran Gatsby.*

Te vas ligero si no tienes nada, pero la riqueza es un peso más ligero.

Johann Wolfang von Goethe, *Moti in rima.*

Para escribir

El desprecio de las riquezas era en los filósofos un deseo oculto de vengar el propio mérito de las injusticias de la suerte, despreciando esos mismos bienes de las que le privaba; era un secreto para garantizarse del desaliento de la pobreza; era un camino indirecto para llegar a esa consideración que no podían obtener a través de las riquezas.

François de La Rochefoucauld, *Máximas.*

El dinero sólo honra para sí y no para quien lo posee, que siempre se hace imán de envidia y caja de ladrón.

Leonardo da Vinci, *Tratado de la pintura.*

El problema de nuestro tiempo es la justa administración de la riqueza para que los vínculos de la hermandad puedan establecer todavía una armoniosa relación entre los ricos y los pobres.

Andrew Carnegie, *Wealth.*

En todo el mundo no hay nada que dé más miedo que un millón de dólares, excepto diez millones. En épocas de revolución, los ricos son siempre los más asustados.

Gerald White Johnson,
American freedom and the press.

Los ricos se complacen de la parentela con los nobles, los nobles buscan unirse con los ricos, y los unos desprecian a los otros.

Gibran Jalil Gibran, *Dichos espirituales.*

Por encima de un cierto grado de fortuna no debería estar permitido tener una bonita alma (...), conformaos con ser ricos, no nos despreciéis hasta el punto de quererrnos ayudar.

Jean Grenier, *Lexique.*

Quizá los ricos son, como todos los hombres, sólo niños; pero sus juguetes son más grandes y tienen más.

C. Wright Mills, *La élite del poder.*

RISA

Para hablar

Aquel a quien han robado pero ríe, roba algo al ladrón. El que se deja llevar por un dolor inútil se roba a sí mismo.

William Shakespeare,
Otelo, acto I, escena III.

Aquel que tiene el coraje de reír es capaz de dirigir a los demás, como aquel que tiene el coraje de morir.

Giacomo Leopardi, Zibaldone.

Aquel que no sabe reír no es una persona seria.

Don Orione.

Il faut rire avant que d'être heureux, de peur de mourir sans avoir ris.
Es necesario reír antes de ser felices, por miedo a morir sin haber reído.

Jean de La Bruyère, Los caracteres.

La flor de Dios es la sonrisa.

Santa Teresa de Jesús.

La plus forte perdue de toutes les journées est celle où l'on n'a pas ris.
La jornada más inútil es aquella en la que no se ha reído.

Sébastien-Roch-Nicolas Chamfort, Máximas,
pensamientos, caracteres y anécdotas.

La risa castiga ciertos defectos aproximadamente como la enfermedad castiga algunos excesos.

Henri Bergson, La risa.
Ensayo sobre la significación de lo cómico.

Mientras se ríe, se piensa que hay siempre tiempo para la seriedad.

Franz Kafka, Diarios.

Nadie que una vez haya reído realmente de corazón puede ser irremediablemente malo.

Thomas Carlyle, Sartor Resartus.

No hay nada tan poco generoso y poco educado como una sonrisa audible.

Philip Dormer Shanhope,
conde de Chesterfield, Cartas a su hijo.

No se deben tomar las cosas muy en serio: una sencilla sonrisa puede ser a veces mejor que una plegaria.

M. Collins.

Reiré con mi querida carcajada.

Epitafio sobre la lápida de la tumba
de Nikolai Vasilevich Gógol.

Ríe y el mundo reirá contigo; llora y llorarás sólo.

Ella Wheeler Wilcox, Soledad.

Risu inepto res ineptior nulla est.
Nada es más estúpido que una carcajada estúpida.

Cayo Valerio Catullo, *Carmina*, XXXIX, 16.

Se conoce un hombre por la forma en la que sonríe.

Fiodor Mijailovich Dostoievski,
Recuerdos de la casa de los muertos.

Para escribir

El humor, como la risa, tiene una función liberadora, libera del peso de las funciones sociales, de la tentación de tomarse demasiado en serio, del sufrimiento excesivo, incluso en la vida espiritual.

Evdokimov, *La edad de la vida espiritual.*

Una sonrisa eterna llega a ser aún más empalagosa que fruncir el ceño de forma continua. Lo primero aleja cualquier posibilidad; lo segundo sugiere mil posibilidades.

Oscar Wilde, *Paradoja y genio: aforismos.*

SABIDURÍA

Para hablar

Conocer a los demás es sabiduría. Conocerse a uno mismo es la sabiduría superior.

Lao Tzu, *Tao Te Ching*.

El arte de ser sabios es el arte de entender de qué se puede prescindir.

William James, *Principios de psicología*.

El grande camina con el pequeño; el mediocre se mantiene a distancia.

Rabindranath Tagore.

El hombre se cree sabio cuando su locura dormita.

Denis Diderot, *Claudio Nerón*.

Envejeciendo nos hacemos más locos y más sabios.

François de la Rochefoucauld, *Máximas*.

Es característico de la sabiduría no hacer cosas desesperadas.

Henry David Thoreau, *Walden*.

Es más fácil ser sabio para los demás que para uno mismo.

François de la Rochefoucauld, *Máximas*.

Es una gran locura querer ser el único sabio.

François de la Rochefoucauld, *Máximas*.

La división que separa al sabio del loco es mucho más sutil que la tela de la araña.

Gibran Jalil Gibran, *Dichos espirituales*.

La gran sabiduría es generosa; la pequeña sabiduría es rencorosa.

Chuang Tzu, *Chuang Tzu*.

La sabiduría (...) es un punto de vista sobre las cosas.

Marcel Proust,
A la sombra de las muchachas en flor.

La única sabiduría que podemos esperar adquirir / es la sabiduría de la humildad.

T. S. Elliot, *Cuatro cuartetos*.

No hagas alarde de tu sabiduría delante del rey.

Eclesiastés, 7, 5.

Qui vit sans folie, n'est pas si sage qu'il croit.
Aquel que vive sin locura no es tan sabio como cree.

François de la Rochefoucauld, *Máximas*.

Sabio es aquel que se sorprende de todo.

André Gide, *Los alimentos terrenales*.

Sapere aude.
Ten el coraje de ser sabio.

Quinto Horacio Flaco, *Epístolas*, I, 2, 40.

Sé más sabio que los demás si puedes; pero no se lo digas.

Philip Dormer Shanhope,
conde de Chesterfield, *Cartas a su hijo*.

Para escribir

Aunque pudiéramos ser conocedores del saber ajeno, sólo podemos ser sabios de nuestra propia sabiduría.

Michel de Montaigne, *Ensayos*.

Existe más de una sabiduría, y todas son necesarias para el mundo; lo mejor es alternarlas.

Marguerite Yourcenar, *Memorias de Adriano*.

He constatado siempre que, para tener éxito en el mundo, es preciso tener el aire loco y ser sabio.

Charles de Secondat,
barón de Montesquieu, *Pensamientos*.

La verdadera y sólida sabiduría consiste casi totalmente en dos cosas: conocimiento de Dios y conocimiento de nosotros mismos.

Italo Calvino,
Institución de la religión cristiana.

SALUD

Para hablar

Orandum est ut sit mens sana in corpore sano.
Es necesario rogar para tener una mente sana en un cuerpo sano.

Decio Junio Juvenal, *Sátiras*, X, 356.

Estaba bien. Por querer estar mejor / estoy aquí.

Epitafio sobre una tumba.

Non est vivere, sed valere vita est.
La vida no es vivir, sino vivir con buena salud.

Marcial, *Epigramas, VI, 70, 15.*

SUEÑO

Para hablar

Aquellos que sueñan de día saben muchas cosas que escapan a aquellos que sueñan sólo de noche.

Edgar Allan Poe, Eleonora.

El sueño es la infinita sombra de lo Verdadero.

Giovanni Pascoli, «Alezandros»,
de Poemi conviviali.

El sueño es el intento de satisfacción de un deseo.

Sigmund Freud, Nuevas lecciones
introductorias al psicoanálisis.

Los sueños son las piedras de comparación de nuestro carácter.

Henry David Thoreau, Una semana
sobre los ríos Concord y Merrimack.

Parece limitado a la vida nocturna lo que hace un tiempo dominaba en pleno día.

Sigmund Freud,
La interpretación de los sueños.

Un hombre se podría evaluar con mucha más seguridad mientras sueña que mientras piensa.

Victor Hugo, Los miserables.

Para escribir

Existe en los sueños, especialmente en aquellos generosos, una calidad impulsiva y comprometedora que a menudo arruina incluso a aquellos que querrían mantenerlos alejados en el limbo inocuo de la más inerte fantasía.

Alberto Moravia, «El avaro», Relatos.

Sunt geminae Somni portae; quarum altera fertur / cornea, qua veris facilis datur exitus umbris, / altera candenti perfecta nitens elephanto, / sed falsa ad caelum mittunt insomnia manes.

Salen los Sueños / de Infierno por dos puertas; una es de cuerno, / la otra es de marfil; manda el cuerno a los verdaderos, / el marfil a los falsos.

Publio Virgilio Marón,
Eneida, VI, 893-896.

SUFRIMIENTO

Para hablar

Aquel que tiene miedo de sufrir mañana ya sufre hoy de miedo.

> Proverbio chino.

El sufrimiento es quizás el único medio válido para romper el sueño del espíritu.

> Saul Bellow, *Henderson, el rey de la lluvia.*

El sufrimiento es una especie de necesidad del organismo de tomar consciencia de un estado nuevo.

> Marcel Proust, *El mundo de Guermantes.*

Homo nascitur ad laborem.
El hombre nace para sufrir.

> Job, 5, 7.

La sabiduría se conquista a través del sufrimiento.

> Esquilo, *Agamenón.*

El sufrimiento es permanente, oscuro y profundo / y tiene la naturaleza de la Infinidad.

> Wordsworth, citado por Oscar Wilde, *De profundis.*

¡No me dejes, quédate sufrimiento!

> Giuseppe Ungaretti, «Auguri per il propio compleanno», de *Sentimiento del tiempo.*

¿No sabes que cada uno tiene la pretensión de sufrir mucho más que los demás?

> Honoré de Balzac, *La piel de zapa.*

Puedo simpatizar con cualquier cosa menos con el sufrimiento.

> Oscar Wilde, *El retrato de Dorian Gray.*

Sufrir es una debilidad, cuando se puede se debe impedir y hacer algo mejor.

> Conde de Lautréamont,
> *Los cantos de Maldoror.*

Para escribir

La tierra tiene miles de sufrimientos. Sobre cada criatura pesa una piedra o una rama rota, o una hoja más grande o el humus de un topo (...).

> Scipio Slataper, *Il mio Carso.*

Sólo los sufrimientos y las humillaciones hacen a los hombres verdaderos. Un hombre que no ha sufrido nada y no ha soportado nada, no sabe nada y no vale nada.

> Antoine Chevrier.

Soyez béni, mon Dieu qui donnez la souffrance / comme un divin remède à nos impuretés.
Bendito seas, Dios mío, que das el sufrimiento como un remedio divino a nuestras impurezas.

> Charles Baudelaire, «Spleen e ideal»,
> de *Las flores del mal.*

TIEMPO

Para hablar

Ché perder tempo a chi più sa più spiace.
A quien más sabe, más le disgusta
perder tiempo.
Dante Alighieri, *Purgatorio*, III, 78.

Con el tiempo, una hoja de morera se
convierte en seda.
Antiguo proverbio.

El más sabio de todos los consejeros,
el Tiempo.
Pericles, citado por Plutarco, *Vidas paralelas*.

El pasado es un huevo roto; el futuro
es un huevo que se debe incubar.
Paul Eluard.

El tiempo destruye las cosas construi-
das sin tiempo.
Proverbio francés.

El tiempo es el ángel del hombre.
Friedrich Schiller, *Wallenstein*.

El tiempo es sólo el río donde voy
pescando.
Henry David Thoreau, *Walden*.

El tiempo es un dios benigno.
Sófocles, *Electra*.

El tiempo todo lo quita y todo lo da;
todo cambia, nada se destruye.
Giordano Bruno, *Il candelaio*.

El tiempo es la cosa más preciosa
que un hombre pueda gastar.
Teofrasto, citado por Diógenes Laercio,
Vidas de filósofos.

El tiempo es la imagen de la eterni-
dad.
Platón, citado por Diógenes Laercio,
Vidas de filósofos.

Existe una única forma para olvidar el
tiempo: utilizarlo.
Charles Baudelaire, *Escritos íntimos*.

Fugit interea, fugit inreparabile tempus.
Huye mientras tanto, huye el tiempo
irrecuperable.
Publio Virgilio Marón,
Geórgicas, III, 284.

La puntualidad es el ladrón del tiempo.
Oscar Wilde, *Paradoja y genio: aforismos*.

No hay nada más precioso que el tiempo, puesto que es el precio de la eternidad.
Louis Bourdaloue, *Retraites spirituelles*.

No ha nacido para la gloria aquel que no conoce el valor del tiempo.
Vauvenargues, *Reflexiones y máximas*.

Nuestras almas recorren espacios en la Vida que el Tiempo, invención del hombre, no puede medir.
Gibran Jalil Gibran, *Dichos espirituales*.

Nunca me he sometido a las horas: las horas están hechas por el hombre y no el hombre por las horas.
François Rabelais, *Gargantúa*.

O tempora! O mores!
¡Oh tiempos! ¡Oh costumbres!
Marco Tulio Cicerón, en varios discursos.

Tempus edax rerum.
El tiempo que todo devora.
Publio Ovidio Nasón, *Metamorfosis*, 15, 234.

Para escribir

Cada cosa tiene su momento y cada acto su hora bajo el cielo; tiempo de nacer y tiempo de morir; tiempo de plantar y tiempo de arrancar lo que se ha plantado; tiempo de matar y tiempo de curar; tiempo de demoler y tiempo de edificar (...).
Eclesiastés, 3, 1.

El tiempo dirá todo a la posteridad. Es un charlatán y para hablar no necesita ser interrogado.
Eurípides, fragmento.

El tiempo enfría, el tiempo clarifica; ningún estado de ánimo se puede mantener con el paso de las horas.
Thomas Mann, *La montaña mágica*.

El tiempo: lo que el hombre intenta siempre destruir pero que al final lo destruye a él.
Herbert Spencer, *Definiciones*.

El tiempo que tenemos cotidianamente a nuestra disposición es elástico: las pasiones que sentimos lo expanden, las que inspiramos lo contraen; y la costumbre llena lo que queda.
Marcel Proust, *A la sombra de las muchachas en flor*.

La totalidad de los tiempos es casi un río formado por los acontecimientos; corriente que a la fuerza arruina. ¿No lo ves? Las simples cosas que acabamos de ver ya se las llevan. Otra cosa se transporta. Y también a esta se la llevarán.
Marco Aurelio.

Quanto più del tempo si tiene a conto, tanto più si dispera d'averne che basti; quanto più se ne gitta, tanto par che n'avanzi.
Cuanto más controlas el tiempo, más te preocupa que no te baste; cuanto más lo pierdes, más parece que sobre.
Giacomo Leopardi, *Zibaldone*.

¿Qué es el tiempo? Si nadie me lo pregunta, lo sé. Si quiero explicarlo a quien me lo pregunta, ya no lo sé.
San Agustín, *Confesiones*.

TRABAJO

Para hablar

El trabajo aleja de nosotros tres grandes males: el aburrimiento, el vicio y la necesidad.

Voltaire, *Cándido o el optimismo.*

El trabajo es un olvido activo que conviene al alma fuerte.

Alfred de Vigny, *Diario di un poeta.*

Es demasiado difícil pensar noblemente cuando se piensa sólo en ganarse la vida.

Jean-Jacques Rousseau, *Las confesiones.*

Feliz aquel que ha encontrado su trabajo; no debe pedir otra felicidad.

Thomas Carlyle, *Past and present.*

Labor omnia vicit / improbus et duris urgens in rebus egestas.
El trabajo tenaz gana a todo y entre miles molestias incluso a la urgente miseria.

Publio Virgilio Marón,
Geórgicas, I, 145-146.

No sirve de nada estar vivos si es necesario trabajar.

André Breton, *Nadja.*

Todo trabajo, incluso hilar el algodón, es noble. El trabajo es la única cosa noble.

Thomas Carlyle.

Trabajamos como si tuviéramos que vivir siempre y vivimos como si tuviéramos que morir en este día.

Don Juan Bosco.

Trabajar cansa.

Cesare Pavese, título de una poesía
y de una antología de versos.

Trabajar ofende incluso al aire.

Cesare Pavese, *De tu tierra.*

Si quis non vult operare, ne manducet.
El que no quiera trabajar que no coma.

San Pablo, *Segunda carta a los
tesalonicenses,* 3, 10.

Considerándolo bien, trabajar es menos aburrido que divertirse.

Charles Baudelaire, *Mi corazón al desnudo.*

Para escribir

Antiguamente, en Inglaterra, la condena a trabajos forzados se aplicaba colgando al condenado encima de una rueda accionada con la fuerza del agua, lo que obligaba a la víctima a mover con un determinado ritmo las piernas para evitar que se las destrozaran. Cuando se trabaja se tiene siempre la sensación de una obligación de ese tipo.

Italo Svevo, *La conciencia de Zeno*.

La gran mayoría de las personas trabaja sólo por necesidad y de esta natural aversión humana por el trabajo nacen los problemas sociales más graves.

Sigmund Freud, *El malestar en la cultura*.

El trabajo intelectual arranca al hombre de la comunidad humana. El trabajo manual, en cambio, lleva al hombre hacia los hombres.

Franz Kafka,
Conversaciones con Gustav Janouch.

El trabajo no me gusta —no le gusta a nadie—, pero me gusta lo que hay en el trabajo: la posibilidad de encontrarse a uno mismo. La propia realidad —para uno mismo, no para los demás— es lo que nadie podrá conocer nunca.

Joseph Conrad, *El corazón de las tinieblas*.

Lo que hace felices a los hombres es amar lo que tienen que hacer. Este es un principio sobre el que no está basada la sociedad.

Claude Adrien Helvétius, *Del espíritu*.

Me gusta el trabajo; me fascina. Puedo estar sentado mirándolo. Adoro tenerlo cerca de mí; la idea de librarme de él me parte el corazón.

Jerome K. Jerome,
Tres hombres en una barca.

«Trabajamos sin razonar (dijo Martino); es la única forma de hacer que la vida sea soportable».

Voltaire, *Cándido o el optimismo*.

Si se tienen grandes dotes, el trabajo las mejorará; si se tienen dotes sólo modestas, el trabajo pondrá remedio a sus deficiencias.

Joshua Reynolds, *Discursos*.

Sólo en nuestra actividad encontramos la saludable ilusión de una existencia independiente del universo entero del que sin embargo sólo somos una parte irrelevante.

Joseph Conrad, *Nostromo*.

VEJEZ

Para hablar

En la vejez nos calentamos con la madera recogida en la juventud.
Proverbio bantú.

In antiquis est sapientia, et in multo tempore prudentia.
Los ancianos poseen la sabiduría y los maduros la capacidad de comprender.
Job, 12, 12.

La tragedia de la vejez consiste no en el hecho de ser viejos, sino en el hecho de sentirse todavía jóvenes.
Oscar Wilde, *Paradoja y genio: aforismos.*

La vejez es triste no porque se acaben las alegrías, sino porque se acaban las esperanzas.
Jean Paul, *Titán.*

La vejez nos deja más arrugas en el espíritu que en la cara.
Michel de Montaigne, *Ensayos.*

Los hombres envejecen, pero no mejoran.
Oscar Wilde, *Paradoja y genio: aforismos.*

Los viejos locos son más locos que los jóvenes.
François de La Rochefoucauld, *Máximas.*

Los viejos son niños por segunda vez.
Aristófanes, *Las nubes.*

Magna fuit quondam capitis reverentia cani.
Hubo un tiempo en que el respeto por una cabeza canosa fue grande.
Publio Ovidio Nasón, *Fastos*, V, 57.

Nemo est tam senex, qui se annum non putet posse vivere.
Nadie es tan viejo que no crea que puede vivir todavía un año.
Marco Tulio Cicerón, *Cato Maior de Senectute.*

No es la abundancia de años lo que otorga sabiduría, / ni para juzgar es necesario ser anciano.
Job, 32, 9.

Pocos saben ser viejos.
François de La Rochefoucauld, *Máximas.*

Si jeunesse savait; si vieillesse pouvait.
¡Si la juventud supiera, si la vejez pudiera!
Henri Estienne, *Les prémices.*

Tememos la vejez, a la cual no estamos seguros de poder llegar.
Jean de La Bruyère, *Los caracteres.*

Un viejo es siempre un rey Lear.

Johann Wolfang von Goethe, *Xenias.*

Para escribir

¡Oh dioses, estos viejos! ¡Cómo ruegan que llegue la muerte! ¡Cómo encuentran pesada esta vida con el lento pasar de los días! Pero, en cambio, cuando la muerte se acerca, no encuentras a ninguno que se levante y la siga, no encontrarás a ninguno para el que los años sean todavía un peso.

Eurípides, *Alcestes.*

La mayoría de los viejos tienen algo de desleal, de mentiroso en su forma de comportarse con las personas más jóvenes que ellos.

Franz Kafka, *Diarios.*

(La vejez es) la edad en la que el ruido de los pasos de los hijos que suben las escaleras produce una emoción más agradable que el ruido que hacen al bajarlas.

Phyllis Diller, *Housekeeping hints.*

Una de mis experiencias es esta: en cuanto alguien es suficiente viejo como para saber, no sabe ya nada.

Oscar Wilde, *Paradoja y genio: aforismos.*

VERDAD

Para hablar

Aquello que llamamos verdad es sólo una eliminación de errores.

> Georges Clemenceau,
> *Aux embuscades de la vie.*

De cada verdad nace esperanza.

> Carlo Betocchi,
> «Squille di Lombardia», de *Poesie.*

El tiempo consume el error y pule la verdad.

> Duque de Lévis,
> *Máximas, preceptos y reflexiones.*

Eliminado lo imposible, lo que queda, por muy improbable que sea, tiene que ser la verdad.

> Arthur Conan Doyle, *El signo de los cuatro.*

Es cierto que se sabe que la verdad es la mejor cosa, pero algunas veces cuesta creerlo.

> Ivy Compton-Burnett.

Existen personas para las que la verdad pura es veneno.

> André Maurois, *Ariel.*

La verdad es el sol de las inteligencias.

> Vauvenargues, *Pensamientos.*

La verdad es hija de la inspiración; análisis y debate nos mantienen alejados de la verdad.

> Gibran Jalil Gibran, *Dichos espirituales.*

La verdad es lo que más nos contradice.

> Lawrence Durrell, *Balthazar.*

La verdad (...) es mucho más difícil de oír cuanto más tiempo hace que se ha acallado.

> Anna Frank, *Diario.*

La verdad es una antorcha que brilla a través de la niebla sin disolverla.

> Claude Adrien Helvétius,
> *Pensamientos filosóficos.*

La verdad no hace tanto bien en el mundo como mal hacen sus apariencias.

> François de la Rochefoucauld, *Máximas.*

La verdad no se puede decir nunca de forma tal que se entienda y no se crea.

> William Blake,
> *Las bodas del cielo y del infierno.*

La verdad puede ser más cruel que la caricatura.

> Joseph Conrad, El *agente secreto.*

La verdad se descubre cuando los hombres son libres de buscarla.
Franklin Delano Roosevelt, discurso, 1936.

La verdad sólo prospera al sol.
Massimo d'Azeglio, *Agli elettori*; *Elettra*.

La verdad y la mañana se aclaran poco a poco.
Proverbio etíope.

La verità non ama star ne' cantoni.
A la verdad no le gusta estar en las esquinas.
Paolo Segneri, *Quaresimali*, sermón XIX.

La vérité est en marche et rien ne l'arrêtera.
La verdad está en camino y nada la detendrá.
Zola, de un artículo sobre el caso Dreyfus.

Las verdades aceptadas irracionalmente pueden hacer más daño que los errores razonados.
Thomas Huxley, *Ensayos*.

Los hombres dicen que quieren la verdad, y quieren sólo explicaciones.
Montherlant,
Un vagageur solitaire est un diable.

Ninguna verdad merece ser ejemplar.
André Breton, *Los pasos perdidos*.

No existen verdades a medias.
Georges Bernanos,
Diario de un cura rural.

No se descubre la verdad: se crea.
Antoine de Saint-Exupéry, *Carnets*.

Nuda (...) veritas.
La desnuda verdad.
Quinto Horacio Flaco, *Odas*, I, 24, 7.

Se dice que la verdad triunfa siempre, pero esta no es una verdad.
Anton Pavlovich Chejov, *Cuadernos*.

Veritas filia temporis.
La verdad es hija del tiempo.
Aulo Gelio, *Noches áticas*.

Veritas non erubescit.
La verdad no sonroja.
Quinto Septimio Florente Tertuliano,
Adversus Valentinianos.

Veritatem dies aperit.
El tiempo revela la verdad.
Quinto Septimio Florente Tertuliano,
El apologético.

Vitam impendere vero.
Sacrificar la vida a la verdad.
Decio Junio Juvenal, *Sátiras*, IV, 91.

Para escribir

Amigo mío, la verdad auténtica es siempre inverosímil (...); para conseguir que la verdad sea más verosímil, es absolutamente necesario mezclar en ella un poco de mentira.

Fiodor Mijailovich Dostoievski,
Los demonios.

El único fundamento de la verdad es la posibilidad de negarla.

El día que la verdad, o la que nosotros creemos que es tal, sea aceptada por todos sin contraste, deberemos empezar a temer que hemos caído en un error.

Luigi Einaudi, «Di alcuni scatoloni vuoti correnti nell'economia agraria italiana»,
de *Prediche inutili.*

La verdad —esa larga neta clara sencilla inflexible indiscutible línea recta, sobre un lado de la cual el negro es negro y sobre el otro el blanco es blanco— se ha convertido ahora en un ángulo, en un punto de vista.

William Faulkner,
Ensayos, conferencias y cartas.

Las verdades distintas en apariencia son como innumerables hojas que parecen diversas y que se encuentran en un mismo árbol.

Mahatma Gandhi, *Cartas al ashram.*

No es necesario hacer tanto ruido para encontrar la verdad. La verdad como las brujas escapa a golpes de escoba. Para encontrarla es mejor permanecer casi inmóviles.

Leonardo Sinisgalli, *L'età della luna.*

No se debe tener nunca miedo de decir la verdad, aunque sin olvidar que quizá sea mejor callar por caridad hacia el prójimo, pero nunca por negligencia, por comodidad o por cobardía.

J. Escrivà.

Se acercan más a la verdad nuestros enemigos, en la idea que se hacen de nosotros, de lo que nos acercamos nosotros mismos.

François de La Rochefoucauld, *Máximas.*

Un hombre puede dejarse arrastrar por la pasión con el engaño, pero puede ser guiado hacia la verdad sólo con la razón.

John Dryden, prólogo a *Religio laici.*

¿Qué sucede cuando un hombre honesto dice la verdad? Mientras él dice la verdad, la vida avanza. De esta forma su verdad llega con retraso, engaña. ¿Es necesario que el hombre diga siempre y en todas partes la verdad?

Boris Pasternak, *El salvoconducto.*

Quien por lo menos ha entendido que lo falso consiste en creer lo que no es, comprende también que es verdad lo que nos revela lo que es.

San Agustín.

VICIOS

Para hablar

Algunos vicios son más aburridos que la propia virtud. Sólo por ello la virtud triunfa a menudo.

Ennio Flaiano, *Diario nocturno.*

Cuando los vicios nos dejan, intentamos creer que somos nosotros los que los dejamos.

François de La Rochefoucauld, *Máximas.*

El vicio es el mal que se realiza sin placer.

Sidonie Gabriele Colette,
Claudine en ménage.

Este es el peligro: cuando el vicio se convierte en un precedente.

Ben Johnson, *Timber.*

Lo que nos impide a menudo abandonarnos a un solo vicio es que tenemos muchos.

François de La Rochefoucauld, *Máximas.*

Los hombres odian en otros incluso sus propios vicios.

Giovanni Della Casa, *Galateo.*

Nullum est vitium sine patrocinio.
No hay vicio que no pueda defenderse.

Lucio Anneo Séneca, *Cartas a Lucilio.*

Todas las personas fascinantes tienen vicios. Este es el secreto de su encanto.

Oscar Wilde, *Paradoja y genio: aforismos.*

Un gran vicio mantiene alejados a muchos otros.

Bret Francis Harte, *Two men of Sandy Bar.*

Un viejo ya no tiene vicios, son los vicios los que lo tienen a él.

Max Jacob, *Le cornet à dés.*

Para escribir

Los vicios que proceden del hecho de que no se quiere suficiente, no son menos que los que proceden del hecho de que se quiere demasiado.

Charles de Secondat,
barón de Montesquie, *Cuadernos.*

Se puede decir que los vicios nos esperan durante la vida a modo de huéspedes en cuya casa es necesario pasar algunas temporadas; y yo dudo de que la experiencia consiguiera que los evitáramos cuando se nos concediera hacer dos veces el mismo camino.

François de La Rochefoucauld, *Máximas.*

VIDA

Para hablar

Ah! Que la Vie est quotidienne...
¡Ah, qué cotidiana es la vida...!
Jules Laforgue, «Complainte sur certains en-
nuis», de *Les complaintes*.

Ama la vida en su justo valor aquel
que la abandona por un sueño.
Michel de Montaigne, *Ensayos*.

Aquel que no ama la vida no la merece.
Leonardo da Vinci, *Escritos*.

Ars longa, vita brevis.
El arte es largo, la vida es breve.
Dicho latino.

Buscamos la vida donde la podemos
encontrar. Cuando la encontremos, la
vida resolverá todos los problemas.
D. H. Lawrence, *The plumed serpent*.

Ein unnütz Leben ist ein früher Tod.
Una vida inútil es una muerte antici-
pada.
Johann Wolfang von Goethe,
Ifigenia en Táuride.

El hombre ama la vida, que es dolor
y angustia, porque ama la angustia y
el dolor.
Fiodor Mijailovich Dostoievski,
Los demonios.

En el ocaso de la vida nos juzgarán
por el amor.
San Juan de la Cruz.

Era esta la vida: un sorbo amargo.
Umberto Saba, «Quando si apriva
il velario», de *Ultime cose*.

Es necesario dar un sentido a la vida
precisamente porque no tiene ninguno.
Henry Miller, *The wisdom of the heart*.

Es una pena que tengamos en cuenta
las lecciones de la vida sólo cuando ya
no nos sirven de nada.
Oscar Wilde, *Paradoja y genio: aforismos*.

He medido mi vida con cucharaditas
de café.
T. S. Eliot,
La canción de amor de J. Alfred Prufrock.

Incluso las leyes de la vida obedecen
a las leyes de la vida.
Gibran Jalil Gibran, *Dichos espirituales*.

La buena vida es un largo gasto.
Leonardo da Vinci, *Escritos*.

La verdadera vida es reflexión sobre
uno mismo.
Giovanni Gentile, *Che cos'è il fascismo?*

La vida a mis ojos es sólo algo sobre lo que probar la fuerza del alma.
Robert Browning, *A un balcón*.

La vida del hombre es un hilo de seda suspendido en un juego de navajas.
Emilio Cecchi,
«La casa in campagna», de *Pesci rossi*.

La vida es como pintar un cuadro, no como sacar una cuenta.
Oliver Wendell Holmes Jr., *The Class of '61*.

La vida es el arte de sacar conclusiones suficientes de premisas insuficientes.
Samuel Butler, *Cuadernos*.

La vida es sólo una broma, y todo lo demuestra. Una vez lo pensaba pero ahora lo sé seguro.
John Gay, *My own epitaph*.

La vida es sueño.
Calderón de la Barca, título de un drama.

La vida es un bizcocho relleno de pasas.
W. S. Gilbert, *Los gondoleros*.

La vida es una enfermedad incurable.
Abraham Cowley, *Al doctor Scarborough*.

La vida es una perpetua distracción, que no deja ni siquiera tomar conciencia de aquello de lo que distrae.
Franz Kafka,
Preparativos para una boda campestre.

La vida es una píldora que ninguno de nosotros puede soportar tragar si no es dorada.
Samuel Johnson,
citado por Mrs. Piozzi, *Anecdotes of Johnson*.

La vida está hecha de mármol y de barro.
Nathaniel Hawthorne,
La casa de los siete tejados.

La vida, según mi forma de verlo, es un caballo regalado.
J. D. Salinger, «Teddy», de *Nueve cuentos*.

La vida vale como don, como servicio, como amor.
Baden-Powell.

La vida vuelve a empezar. Y cuando vuelve a empezar, ya se sabe, no mira en la cara a nadie.
Giorgio Bassani, «Una lapide in via Mazzini», de *Cinque storie ferraresi*.

La vida yo la he castigado viviéndola.
Vincenzo Cardarelli, «Alla deriva», de *Poesie*.

Longa est vita, si plena est.
La vida es larga si es plena.
Lucio Anneo Séneca, *Cartas a Lucilio*.

No hay remedio para el nacimiento y la muerte, sólo gozar el intervalo.
George Santayana, *Soliloquios en Inglaterra*.

Nuestra vida vale lo que nos ha costado en esfuerzos.

François Mauriac, *Le jeune homme*.

¿Qué es la vida si no un agradecimiento a Dios?

Madre Teresa de Calcuta.

Se necesitan demasiadas vidas para hacer una.

Eugenio Montale, *Las ocasiones*.

Somos todos guerreros en la batalla de la vida, pero algunos guían y otros siguen.

Gibran Jalil Gibran, *Dichos espirituales*.

Todo lo que exalta la vida aumenta, al mismo tiempo, su absurdidad.

Albert Camus, *El mito de Sísifo*.

Todos nos resignamos a la muerte; es a la vida a lo que no conseguimos resignarnos.

Graham Greene, *El quid de la cuestión*.

Una vida que valga algo es una continua alegoría, y son muy pocos los ojos que pueden captar su misterio.

John Keats, carta a George y Georgina Keats, 3 de mayo de 1819.

Vida: / horrenda cosa que me gusta tanto.

Aldo Palazzeschi, «Monte Ceceri», de *Cuor mio*.

Vivere militare est.
La vida es una milicia.

Lucio Anneo Séneca, *Cartas a Lucilio*.

Para escribir

Actualmente se considera la vida como una especulación, pero no lo es: es un sacramento. Su ideal es el amor; su purificación, el sacrificio.

Oscar Wilde, *Paradoja y genio: aforismos*.

El zapato que va bien a una persona es estrecho para otra: no hay una receta de la vida que vaya bien para todos.

Carl G. Jung,
El hombre moderno a la búsqueda de un alma.

Era suficiente recordar todo aquello que nosotros hombres de la vida habíamos esperado, para verla tan extraña como para llegar a la conclusión de que quizás el hombre ha sido colocado dentro por error y que no pertenece a ella.

Italo Svevo, *La conciencia de Zeno*.

La vida, creedme, sigue su curso natural y nadie desafina. Cada uno en su trompa toca lo que debe.

Anton Pavlovich Chejov, *Cuadernos*.

La vida entera es preparación para la muerte, y no hay nada más que hacer hasta el final que continuar atendiendo con devoción y celo todos los deberes que nos esperan.

Benedetto Croce.

La vida es como las obras de arte: hay siempre algo que se puede suprimir, no sólo sin daño sino incluso con provecho.

Henri de Montherlant, «L'art et la vie», de *Brocéliande*.

La vida no está gobernada por la voluntad o por la intención. La vida es un conjunto de nervios, fibras y células formadas lentamente, donde el pensamiento se esconde y la pasión sueña sus sueños.

Oscar Wilde, *Paradoja y genio: aforismos*.

La vida nos besa sobre las dos mejillas / día tras día, / pero ríe de nuestras obras por la noche y al alba.

Gibran Jalil Gibran, *Dichos espirituales*.

Si existe un pecado contra la vida es quizá no tanto desesperar como esperar en otra vida y evadirse de la implacable grandeza de esta.

Albert Camus, *Bodas*.

Vivir significa siempre lanzarse hacia delante, hacia algo superior, hacia la perfección, lanzarse e intentar llegar.

Boris Pasternak, *El doctor Zhivago*.

VIRTUD

Para hablar

Aquel que siembra virtud, recoge fama.

Leonardo da Vinci, *Escritos*.

Cada uno sospecha en sí mismo de por lo menos una virtud cardinal.

Francis Scott Fitzgerald, *El gran Gatsby*.

Cuando hacemos proyectos para la posteridad, tenemos que recordar que la virtud no es hereditaria.

Thomas Paine,
El sentido común y otros escritos.

Cuando la virtud ha dormido se levanta más fresca.

Friedrich Nietzsche,
Humano, demasiado humano.

El interés pone en marcha todo tipo de virtud y de vicio.

François de La Rochefoucauld, *Máximas*.

El único premio de la virtud es la virtud.

Ralph W. Emerson, *Ensayos escogidos*.

La hipocresía es un homenaje que el vicio hace a la virtud.

François de La Rochefoucauld, *Máximas*.

La mayoría de las veces nuestras virtudes son sólo vicios travestidos.

François de La Rochefoucauld, *Máximas*.

La virtud no iría muy lejos si la vanidad no le hiciera compañía.

François de La Rochefoucauld, *Máximas*.

Las virtudes se pierden en el interés, como los ríos se pierden en el mar.

François de La Rochefoucauld, *Máximas*.

Les vertus farouches font les moeurs atroces.
Las virtudes intratables hacen las costumbres atroces.

Louis Antoine León Saint-Just, *El espíritu de la Revolución y de la constitución en Francia*.

Palabras bonitas y un aspecto insinuante se asocian raramente con la auténtica virtud.

Confucio, *Analectas*.

Se necesitan mayores virtudes para conservar la buena fortuna que para mantener la mala.

François de La Rochefoucauld, *Máximas*.

Todas las veces que una virtud ya no gusta, se le cambia el nombre.

Alfredo Panzini, *Il bacio di Lesbia*.

Una de las propiedades de la virtud es no suscitar envidia.

Antoine de Rivarol,
Sobre el hombre intelectual y moral.

Virtuoso es aquel que no carga con las culpas de los demás.

Gibran Jalil Gibran, *Dichos espirituales.*

Para escribir

Entre los ejercicios de la virtud tenemos que preferir el que se adapta más a nuestro deber, no el que se adapta más a nuestro gusto.

San Francisco de Sales,
Introducción a la vida devota.

Es necesario decir que la tierra es una estancia muy extraña para las virtudes, puesto que la virtud sufre mucho en ella.

Pierre C. Marivaux, *La vita di Marianna.*

Es extraño que la virtud me proporcione sólo daños, mientras la maldad no me ha ahorrado desventajas. Pero yo persevero con entusiasmo en la virtud.

Gibran Jalil Gibran, *Dichos espirituales.*

Lo que nosotros tomamos como virtud, a menudo no es más que un amontonamiento de diversas acciones y de diversos intereses, unidos por la fortuna y por nuestra prudencia; y no

es siempre por valor y por castidad que los hombres son valientes y las mujeres son castas.

François de La Rochefoucauld, *Máximas.*

Lo que puede la virtud en un hombre no se debe medir por sus esfuerzos, sino por lo que él hace normalmente.

Blaise Pascal, *Pensamientos.*

Los vicios entran en la composición de la virtud, como los venenos en la composición de los remedios. La prudencia los mezcla y los atenúa, y los utiliza humildemente contra los males de la vida.

François de La Rochefoucauld, *Máximas.*

Parece que la naturaleza haya prescrito a cada hombre, desde el nacimiento, algunos de sus límites para la virtud y para los vicios.

François de La Rochefoucauld, *Máximas.*

Se piensa que la virtud se encuentra en lo que me entristece y alivia a mi prójimo y que el pecado se encuentra en lo que me alivia pero molesta a mi prójimo. Que todos sepan que yo puedo ser santo o pecador incluso solo, en mi retiro.

Gibran Jalil Gibran, *Dichos espirituales.*

Si los hombres se volvieran virtuosos de pronto, muchos millones de personas morirían de hambre.

Lichtenberg, *Observaciones y pensamientos.*

Si lo cuentas bien, encontrarás a más virtuosos pobres que ricos. La vida del hombre se conforma con poco: la virtud está demasiado contenta de sí misma.

Leon Battista Alberti, *Sobre la familia.*

www.ingramcontent.com/pod-product-compliance
Lightning Source LLC
Chambersburg PA
CBHW052128270326
41930CB00012B/2797